Mark Twain

The Awful German Language
Die schreckliche deutsche Sprache

Slovenly Peter
Nachdichtung von Heinrich Hoffmanns
„Struwwelpeter"

The Awful German Language
Übersetzung von Ana Maria Brock aus:
Mark Twain, Ausgewählte Werke in zwölf Bänden,
Band 5: Bummel durch Europa
© Aufbau-Verlag Berlin 1963
Von der Übersetzerin für die vorliegende
Ausgabe bearbeitet.
Die Eigenheiten der Twainschen Orthographie
und Interpunktion wurden in den
englischen Texten beibehalten.

ISBN: 3-933497-41-8

8., erweiterte Auflage
© Manuscriptum Verlagsbuchhandlung
Thomas Hoof KG   Waltrop und Leipzig   2003
Gestaltung: CDE Köln

Mark Twain

The Awful German Language
Die schreckliche deutsche Sprache

Slovenly Peter
Nachdichtung von Heinrich Hoffmanns
„Struwwelpeter"

Mit einem Nachwort von Helmut Winter

MANUSCRIPTUM

The Awful German Language

"A little learning makes the whole world kin."
Proverbs XXXII, 7

I went often to look at the collection of curiosities in Heidelberg Castle, and one day I surprised the keeper of it with my German. I spoke entirely in that language. He was greatly interested; and after I had talked awhile he said my German was very rare, possibly a "unique;" and wanted to add it to his museum.

If he had known what it had cost me to acquire my art, he would also have known that it would break any collector to buy it. Harris and I had been hard at work on our German during several weeks at that time, and although we had made good progress, it had been accomplished under great difficulty and annoyance, for three of our teachers had died in the meantime. A person who has not studied German can form no idea of what a perplexing language it is.

Surely there is not another language that is so slip-shod and systemless, and so slippery and elusive to the grasp. One is washed about in it, hither and hither, in the most helpless way; and when at last he thinks he has cap-

Die schreckliche deutsche Sprache

„Ein bißchen Bildung macht die ganze Welt verwandt."

Sprüche XXXII, 7

Oft ging ich ins Heidelberger Schloß, um mir die Raritä-
tensammlung anzusehen, und eines Tages überraschte ich
den Kustos mit meinem Deutsch. Ich redete ausschließlich in
dieser Sprache. Er war sehr interessiert; und nachdem ich eine Weile gesprochen hatte, sagte er, mein Deutsch sei höchst
seltsam, möglicherweise ein „Unikat", und wollte es seinem
Museum einverleiben.

Wenn er gewußt hätte, was mich der Erwerb meiner
Kunstfertigkeit gekostet hatte, hätte er auch gewußt, daß sie
zu kaufen jeden Sammler ruinieren würde. Harris und ich
hatten damals mehrere Wochen lang hart an unserem
Deutsch gearbeitet, und obwohl wir gute Fortschritte gemacht hatten, war uns das nur unter großen Schwierigkeiten
und Behinderungen gelungen, denn in der Zwischenzeit waren uns drei Lehrer weggestorben. Wer nie Deutsch gelernt
hat, kann sich gar keine Vorstellung davon machen, was das
für eine komplizierte Sprache ist.

Ganz bestimmt gibt es keine andere Sprache, die so unge-
ordnet und unsystematisch ist, die so jedem Zugriff ent-
schlüpft; man treibt völlig hilflos in ihr umher, hierhin und
dahin; und wenn man schließlich glaubt, man hätte eine

tured a rule which offers firm ground to take a rest on amid the general rage and turmoil of the ten parts of speech, he turns over the page and reads, "Let the pupil make careful note of the following *exceptions*." He runs his eye down and finds that there are more exceptions to the rule than instances of it. So overboard he goes again, to hunt for another Ararat and find another quicksand. Such has been, and continues to be, my experience. Every time I think I have got one of these four confusing "cases" where I am master of it, a seemingly insignificant preposition intrudes itself into my sentence, clothed with an awful and unsuspected power, and crumbles the ground from under me. For instance, my book inquires after a certain bird – (it is always inquiring after things which are of no sort of consequence to anybody): "Where is the bird?" Now the answer to this question, – according to the book, – is that the bird is waiting in the blacksmith shop on account of the rain. Of course no bird would do that, but then you must stick to the book. Very well, I begin to cipher out the German for that answer. I begin at the wrong end, necessarily, for that is the German idea. I say to myself, "*Regen*, (rain,) is masculine – or maybe it is feminine – or possibly neuter – it is too much trouble to look, now. Therefore, it is either *der* (the) Regen, or *die* (the) Regen, or *das* (the) Regen, according to which gender it may turn out to be when I look. In the interest of science, I will cipher it out on the hypothesis that it is masculine. Very well – then *the* rain is *der* Regen, if it is sim-

Regel zu fassen bekommen, die festen Boden böte, auf dem man inmitten des allgemeinen Tobens und Aufruhrs der zehn Wortarten ausruhen könnte, blättert man um und liest: „Der Schüler beachte sorgfältig folgende *Ausnahmen.*" Man läßt das Auge über die Seite gleiten und entdeckt, daß es mehr Ausnahmen von der Regel als Beispiele für sie gibt. Und so geht man wieder über Bord, um wieder einen Ararat zu suchen, und was man findet, ist wieder Treibsand. So ging es mir, und so geht es mir noch. Jedesmal, wenn ich glaube, einen dieser vier verwirrenden Fälle da zu haben, wo ich ihn meistern kann, schleicht sich eine scheinbar unbedeutende Präposition in meinen Satz ein, ausgestattet mit einer furchtbaren und ungeahnten Macht, und läßt den Boden unter mir wegbröckeln. Zum Beispiel fragt mein Buch nach einem bestimmten Vogel (es fragt immerzu nach Sachen, die für niemanden irgend etwas bedeuten): „Wo ist der Vogel?" Nun ist – laut Buch – die Antwort auf diese Frage, daß der Vogel wegen des Regens in der Schmiede warte. Natürlich würde das kein Vogel tun, aber man muß sich eben an das Buch halten. Nun gut, ich fange also an, mir das Deutsch für diese Antwort zusammenzuklauben. Ich fange notwendigerweise am falschen Ende an, denn das ist die deutsche Idee. Ich sage mir: „Regen" ist männlich – oder vielleicht weiblich – oder möglicherweise sächlich – es macht jetzt zu viel Mühe, nachzuschauen. Also ist es entweder *der* Regen oder *die* Regen oder *das* Regen, je nachdem, was dabei herauskommt, wenn ich nachschlage. Im Interesse der Wissenschaft werde ich von der Hypothese ausgehen, er sei männlich. Sehr schön, dann ist es *der* Regen, wenn er sich nur in dem ruhenden

ply in the quiescent state of being *mentioned*, without enlargement or discussion – Nominative case; but if this rain is lying around, in a kind of a general way on the ground, it is then definitely located, it is *doing some-thing* – that is, *resting*, (which is one of the German grammar's ideas of doing something,) and this throws the rain into the Dative case, and makes it *dem* Regen. However, this rain is not resting, but is doing something *actively*, – it is falling, – to interfere with the bird, likely, – and this indicates *movement*, which has the effect of sliding it into the Accusative case and changing *dem* Regen into *den* Regen." Having completed the grammatical horoscope of this matter, I answer up confidently and state in German that the bird is staying in the black-smith shop "*wegen* (on account of) den Regen." Then the teacher lets me softly down with the remark that whenever the word "wegen" drops into a sentence, it al-ways throws that subject into the Genitive case, regard-less of consequences – and that therefore this bird staid in the blacksmith shop "wegen *des* Regens."

N. B. I was informed, later, by a higher authority, that there was an "exception" which permits one to say "wegen *den* Regen" in certain peculiar and complex cir-cumstances, but that this exception is not extended to anything *but* rain.

There are ten parts of speech, and they are all trouble-some. An average sentence, in a German newspaper, is

Zustand des *Erwähntwerdens* befindet, ohne Weiterung oder Erörterung – Nominativ; aber wenn dieser Regen in gewissermaßen allgemeiner Weise auf dem Boden herumliegt, dann ist er genau lokalisiert, er *tut etwas* – das heißt, er *ruht* (was eine der Vorstellungen der deutschen Grammatik von „tun" ist), und das versetzt den Regen in den Dativ und macht *dem* Regen daraus. Dieser Regen jedoch ruht nicht, sondern tut *aktiv* etwas: er fällt – vermutlich, um dem Vogel in die Quere zu kommen –, und das zeigt *Bewegung* an, was die Wirkung hat, ihn in den Akkusativ rutschen zu lassen, und *dem* Regen in *den* Regen verwandelt. – Nachdem ich das grammatikalische Horoskop dieses Falles fertiggestellt habe, melde ich mich zuversichtlich und gebe auf deutsch bekannt, daß der Vogel sich „wegen *den* Regen" in der Schmiede aufhalte. Dann läßt mich der Lehrer gelinde mit der Bemerkung abblitzen, daß das Wörtchen „wegen", sobald es in einen Satz hineinplatze, *stets* den Gegenstand ohne Rücksicht auf die Folgen in den *Genitiv* versetze und daß deshalb dieser Vogel „wegen *des* Regens" in der Schmiede geblieben sei.

Übrigens: Von einer höheren Autorität erfuhr ich später, daß es eine „Ausnahme" gebe, die es einem gestatte, unter gewissen eigentümlichen und verwickelten Umständen „wegen *den* Regen" zu sagen, daß aber diese Ausnahme *ausschließlich* für Regen gelte.

Es gibt zehn Wortarten, und alle sind sie schwierig. Ein Durchschnittssatz in einer deutschen Zeitung ist eine erha-

a sublime and impressive curiosity; it occupies a quarter of a column; it contains all the ten parts of speech – not in regular order, but mixed; it is built mainly of compound words constructed by the writer on the spot, and not to be found in any dictionary – six or seven words compacted into one, without joint or seam – that is, without hyphens; it treats of fourteen or fifteen different subjects, each enclosed in a parenthesis of its own, with here and there extra parentheses which re-enclose three or four of the minor parentheses, making pens within pens; finally, all the parentheses and re-parentheses are massed together between a couple of king-parentheses, one of which is placed in the first line of the majestic sentence and the other in the middle of the last line of it – *after which comes the* VERB, and you find out for the first time what the man has been talking about; and after the verb – merely by way of ornament, as far as I can make out, – the writer shovels in *"haben sind gewesen gehabt haben geworden sein,"* or words to that effect, and the monument is finished. I suppose that this closing hurrah is in the nature of the flourish to a man's signature – not necessary, but pretty. German books are easy enough to read when you hold them before the looking-glass or stand on your head, – so as to reverse the construction, – but I think that to learn to read and understand a German newspaper is a thing which must always remain an impossibility to a foreigner.

bene und ehrfurchtgebietende Kuriosität; er nimmt eine Viertelspalte ein; er enthält alle zehn Wortarten – nicht in der gehörigen Reihenfolge, sondern durcheinandergewürfelt. Er ist hauptsächlich aus zusammengesetzten Wörtern gebaut, die der Schreiber an Ort und Stelle konstruiert hat und die in keinem Wörterbuch zu finden sind – sechs oder sieben in eines zusammengepreßte Wörter ohne Naht oder Gelenk – das heißt ohne Bindestriche. Er handelt von vierzehn oder fünfzehn verschiedenen Gegenständen, jeder in einer eigenen Parenthese eingeschlossen, mit zusätzlichen Parenthesen hier und da, die wiederum drei oder vier Unterparenthesen einschließen, so daß Pferche innerhalb der Pferche entstehen; schließlich werden alle Parenthesen und Unterparenthesen zwischen zwei Überparenthesen zusammengeballt, von denen die eine in der ersten Zeile des majestätischen Satzes liegt und die andere in der Mitte der letzten Zeile – *und danach kommt das* VERB, und man erfährt zum erstenmal, wovon die ganze Zeit die Rede war; und nach dem Verb – nur als Verzierung, soweit ich es ausmachen kann – schaufelt der Schreiber „haben sind gewesen gehabt haben geworden sein" oder Wörter von ähnlicher Wirkung hinein, und das Monument ist fertig. Ich nehme an, daß dieses abschließende Hurra so etwas wie der Schnörkel bei einer Unterschrift ist – nicht notwendig, aber hübsch. Deutsche Bücher sind ziemlich leicht zu lesen, wenn man sie vor den Spiegel hält oder sich auf den Kopf stellt – um die Konstruktion herumzudrehen –, aber ich glaube, eine deutsche Zeitung lesen und verstehen zu lernen ist eine Sache, die einem Ausländer stets unmöglich bleiben muß.

Yet even the German books are not entirely free from attacks of the Parenthesis distemper – though they are usually so mild as to cover only a few lines, and therefore when you at last get down to the verb it carries some meaning to your mind because you are able to remember a good deal of what has gone before.

Now here is a sentence from a popular and excellent German novel, – with a slight parenthesis in it. I will make a perfectly literal translation, and throw in the parenthesis-marks and some hyphens for the assistance of the reader, – though in the original there are no parenthesis-marks or hyphens, and the reader is left to flounder through to the remote verb the best way he can:

"But when he, upon the street, the (in-satin-and-silk-covered-now-very-unconstrainedly-after-the-newest-fashion-dressed) government counsellor's wife *met*," etc., etc.

That is from "The Old Mamselle's Secret" by Mrs. Marlitt. And that sentence is constructed upon the most approved German model. You observe how far that verb is from the reader's base of operations; well, in a German newspaper they put their verb away over on the next page; and I have heard that sometimes after stringing along on exciting preliminaries and parentheses for a column or two, they get in a hurry and have to

Aber selbst die deutschen Bücher sind nicht ganz frei von Anfällen der Parenthesenstaupe – wenn sie auch gewöhnlich so mild verläuft, daß sie nur ein paar Zeilen erfaßt; und daher vermittelt das Verb, wenn man sich endlich zu ihm hinabgearbeitet hat, dem Verstand noch einen gewissen Sinn, weil man sich noch an eine ganze Menge von dem erinnern kann, was davor stand.

Hier folgt nun ein Satz aus einem beliebten und vortrefflichen deutschen Roman – mit einer kleinen Parenthese darin. Ich werde ihn absolut wörtlich übersetzen und zur Unterstützung des Lesers die Klammern und ein paar Bindestriche hinzufügen – obwohl im Original keine Klammern oder Bindestriche stehen und es dem Leser überlassen bleibt, sich bis zu dem fernen Verb hindurchzumühen, so gut er kann:

„Wenn er aber auf der Straße der (in-Samt-und-Seide-gehüllten-jetzt-sehr-ungeniert-nach-der-neuesten-Mode-gekleideten) Regierungsrätin begegnete", und so weiter und so fort.

Dieser Satz stammt aus dem Roman „Das Geheimnis der alten Mamsell" von Frau Marlitt und ist nach bestem deutschem Muster gebaut. Sie sehen, wie weit das Verb von der Ausgangsbasis des Lesers entfernt ist; nun, in deutschen Zeitungen setzen sie ihr Verb drüben auf der nächsten Seite hin; und ich habe gehört, daß sie manchmal, wenn sie eine oder zwei Spalten lang aufregende Einleitungen und Parenthesen dahergeschwafelt haben, in Zeitnot geraten und

go to press without getting to the verb at all. Of course, then, the reader is left in a very exhausted and ignorant state.

We have the Parenthesis disease in our literature, too; and one may see cases of it every day in our books and newspapers: but with us it is the mark and sign of an unpractised writer or a cloudy intellect, whereas with the Germans it is doubtless the mark and sign of a practised pen and of the presence of that sort of luminous intellectual fog which stands for clearness among these people. For surely it is *not* clearness, – it necessarily can't be clearness. Even a jury would have penetration enough to discover that. A writer's ideas must be a good deal confused, a good deal out of line and sequence, when he starts out to say that a man met a counsellor's wife in the street, and then right in the midst of this so simple undertaking halts these approaching people and makes them stand still until he jots down an inventory of the woman's dress. That is manifestly absurd. It reminds a person of those dentists who secure your instant and breathless interest in a tooth by taking a grip on it with the forceps, and then stand there and drawl through a tedious anecdote before they give the dreaded jerk. Parentheses in literature and dentistry are in bad taste.

The Germans have another kind of parenthesis, which they make by splitting a verb in two and putting half of

in Druck gehen müssen, ohne überhaupt bis zum Verb ge-
kommen zu sein. Natürlich läßt das den Leser stark erschöpft
und um nichts klüger zurück.

Auch in unserer Literatur haben wir die Parenthesen-
krankheit, und Fälle davon kann man täglich in unseren
Büchern und Zeitungen sehen; aber bei uns verrät sie einen
ungeübten Verfasser oder einen trüben Verstand, während
sie bei den Deutschen zweifellos Merkmal und Kennzeichen
einer routinierten Feder und Zeugnis jener Art leuchtenden
geistigen Nebels ist, den diese Leute für Klarheit halten.
Denn es ist bestimmt *nicht* Klarheit – es kann überhaupt
nicht Klarheit sein. Selbst ein Schwurgericht hätte genug
Scharfsinn, um das herauszukriegen. Die Gedanken eines
Schriftstellers müssen ziemlich verworren, ziemlich aus der
Reihe geraten sein, wenn er ansetzt zu sagen, ein Mann habe
auf der Straße eine Regierungsrätin getroffen, und dann mit-
ten in einem so schlichten Unterfangen die aufeinander zu-
kommenden Leute anhält und stillstehen läßt, bis er ein
Verzeichnis vom Putz der Frau aufgestellt hat. Das ist einfach
absurd. Es erinnert an jene Zahnärzte, die sich unser unmit-
telbares und atemverschlagendes Interesse an einem Zahn
sichern, indem sie ihn mit der Zange packen und dann da-
stehen und sich durch eine langweilige Anekdote winden,
bevor sie zum gefürchteten Ruck ansetzen. Parenthesen in
der Literatur und in der Zahnheilkunde sind geschmacklos.

Die Deutschen haben noch eine Art von Parenthese, die sie
bilden, indem sie ein Verb in zwei Teile spalten und die eine

it at the beginning of an exciting chapter and the *other half* at the end of it. Can any one conceive of anything more confusing than that? These things are called "separable verbs". The German grammar is blistered all over with separable verbs; and the wider the two portions of one of them are spread apart, the better the author of the crime is pleased with his performance. A favorite one is *reiste ab*, – which means, *departed*. Here is an example which I culled from a novel and reduced to English:

"The trunks being now ready, he DE- after kissing his mother and sisters, and once more pressing to his bosom his adored Gretchen, who, dressed in simple white muslin, with a single tube-rose in the ample folds of her rich brown hair, had tottered feebly down the stairs, still pale from the terror and excitement of the past evening, but longing to lay her poor aching head yet once again upon the breast of him whom she loved more dearly than life itself, PARTED."

However, it is not well to dwell too much on the separable verbs. One is sure to lose his temper early; and if he sticks to the subject, and will not be warned, it will at last either soften his brain or petrify it. Personal pronouns and adjectives are a fruitful nuisance in this language, and should have been left out. For instance, the same sound, *sie*, means *you*, and it means *she*, and it

Hälfte an den Anfang eines spannenden Absatzes stellen und die andere Hälfte an das Ende. Kann sich jemand etwas Verwirrenderes vorstellen? Diese Dinger werden „trennbare Verben" genannt. Die deutsche Grammatik ist übersät von trennbaren Verben wie von den Blasen eines Ausschlags; und je weiter die zwei Teile auseinandergerissen sind, desto zufriedener ist der Urheber des Verbrechens mit seinem Werk. Ein beliebtes Verb ist „reiste ab". Hier folgt ein Beispiel, das ich aus einem Roman herausgepickt und ins Englische übertragen habe:

„Da die Koffer nun gepackt waren, REISTE er, nachdem er seine Mutter und Schwestern geküßt und noch einmal sein angebetetes Gretchen an den Busen gedrückt hatte, die, in schlichten weißen Musselin gekleidet, mit einer einzigen Tuberose in den weiten Wellen ihres üppigen braunen Haares, kraftlos die Stufen herabgewankt war, noch bleich von der Angst und Aufregung des vergangenen Abends, aber voller Sehnsucht, ihren armen, schmerzenden Kopf noch einmal an die Brust dessen zu legen, den sie inniger liebte als ihr Leben, AB."

Es ist jedoch nicht ratsam, allzulange bei den trennbaren Verben zu verweilen. Ganz bestimmt verliert man dabei sehr bald die Geduld; und wenn man an dem Thema klebt und sich nicht warnen läßt, wird es einem schließlich das Gehirn erweichen oder versteinern. Personalpronomen und Adjektive sind in dieser Sprache eine wuchernde Plage und hätten weggelassen werden sollen. Der gleiche Laut „sie" zum

means *her*, and it means *it*, and it means *they*, and it means *them*. Think of the ragged poverty of a language which has to make one word do the work of six, – and a poor little weak thing of only three letters at that. But mainly, think of the exasperation of never knowing which of these meanings the speaker is trying to convey. This explains why, whenever a person says *sie* to me, I generally try to kill him, if a stranger.

Now observe the Adjective. Here was a case where simplicity would have been an advantage; therefore, for no other reason, the inventor of this language complicated it all he could. When we wish to speak of our "good friend or friends" in our enlightened tongue, we stick to the one form and have no trouble or hard feeling about it; but with the German tongue it is different. When a German gets his hands on an adjective, he declines it, and keeps on declining it until the common sense is all declined out of it. It is as bad as Latin. He says, for instance:

Singular
Nominative – Mein gut*er* Freund, my good friend
Genitive – Mein*es* gut*en* Freund*es*, of my good friend
Dative – Mein*em* gut*en* Freund, to my good friend
Accusative – Mein*en* gut*en* Freund, my good friend

Beispiel bedeutet „you" und bedeutet „she" und bedeutet „her" und bedeutet „it" und bedeutet „they" und bedeutet „them". Man stelle sich die lumpige Armut einer Sprache vor, die ein Wort die Arbeit von sechsen tun lassen muß – und noch dazu so ein erbärmliches, kleines, schwaches Ding von nur drei Buchstaben. Aber vor allem stelle man sich vor, wie es erbittert, wenn man nie weiß, welche dieser Bedeutungen der Sprecher ausdrücken will. Das erklärt, warum ich, wann immer jemand „Sie" zu mir sagt, gewöhnlich versuche, ihn umzubringen, wenn es ein Fremder ist.

Man betrachte nun das Adjektiv. Hier lag ein Fall vor, wo Einfachheit ein Vorteil gewesen wäre; deshalb und aus keinem anderen Grunde hat der Erfinder dieser Sprache es so sehr kompliziert, wie er nur konnte. Wenn wir in unserer aufgeklärten Sprache von „our good friend or friends" sprechen wollen, halten wir uns an diese eine Form und haben weiter keinen Kummer oder Ärger damit; aber bei der deutschen Sprache ist das anders. Wenn ein Deutscher ein Adjektiv in die Hände kriegt, dekliniert er es und dekliniert es immer weiter, bis der gesunde Menschenverstand ganz und gar herausdekliniert ist. Es ist genauso schlimm wie im Lateinischen. Er sagt zum Beispiel:

Singular
Nominativ: mein gut*er* Freund, my good friend
Genitiv: mein*es* gut*en* Freund*es*, of my good friend
Dativ: mein*em* gut*en* Freund, to my good friend
Akkusativ: mein*en* gut*en* Freund, my good friend

Plural

Nominative – Mein*e* gut*en* Freund*e*, my good friends
Genitive – Mein*er* gut*en* Freund*e*, of my good friends
Dative – Mein*en* gut*en* Freund*en*, to my good friends
Accusative – Mein*e* gut*en* Freund*e*, my good friends

Now let the candidate for the asylum try to memorize those variations, and see how soon he will be elected. One might better go without friends in Germany than take all this trouble about them. I have shown what a bother it is to decline a good (male) friend; well, this is only a third of the work, for there is a variety of new distortions of the adjective to be learned when the object is feminine, and still another when the object is neuter. Now there are more adjectives in this language than there are black cats in Switzerland, and they must all be as elaborately declined as the examples above suggested. Difficult? – troublesome? – these words cannot describe it. I heard a Californian student in Heidelberg, say, in one of his calmest moods, that he would rather decline two drinks then one German adjective.

The inventor of the language seems to have taken pleasure in complicating it in every way he could think of. For instance, if one is casually referring to a house, *Haus*, or a horse, *Pferd*, or a dog, *Hund*, he spells these words as I have indicated; but if he is referring to them

Plural

Nominativ: mein*e* gut*en* Freund*e*, my good friends

Genitiv: mein*er* gut*en* Freund*e*, of my good friends

Dativ: mein*en* gut*en* Freund*en*, to my good friends

Akkusativ: mein*e* gut*en* Freund*e*, my good friends

Nun lasse man den Kandidaten fürs Irrenhaus versuchen, diese Variationen auswendig zu lernen, und sehe zu, wie bald er aufgenommen wird. Man möchte in Deutschland lieber ohne Freunde auskommen, als sich ihretwegen all diese Mühe zu machen. Ich habe gezeigt, was es für eine Plage ist, einen guten (männlichen) Freund zu deklinieren; aber das ist erst ein Drittel der Arbeit, denn man muß eine Vielzahl neuer Verdrehungen des Adjektivs lernen, wenn das Objekt weiblich ist, und noch weitere, wenn das Objekt sächlich ist. Nun gibt es in dieser Sprache mehr Adjektive als schwarze Katzen in der Schweiz, und sie müssen alle ebenso sorgfältig dekliniert werden wie die oben angedeuteten Beispiele. Schwierig? – mühsam? – diese Worte können es gar nicht beschreiben. Ich habe einen kalifornischen Studenten in Heidelberg in seiner gelassensten Stimmung sagen hören, er würde lieber zwei Schnäpse ablehnen als ein deutsches Adjektiv deklinieren.

Der Erfinder dieser Sprache scheint sich ein Vergnügen daraus gemacht zu haben, sie in jeder Form, die er sich nur ausdenken konnte, zu komplizieren. Zum Beispiel schreibt man, wenn man gerade über ein Haus oder ein Pferd oder einen Hund spricht, diese Wörter so, wie ich es getan habe; aber

in the Dative case, he sticks on a foolish and unnecessary *e* and spells them Hause, Pferde, Hunde. So, as an added *e* often signifies the plural, as the *s* does with us, the new student is likely to go on for a month making twins out of a Dative dog before he discovers his mistake; and on the other hand, many a new student who could ill afford loss, has bought and paid for two dogs and only got one of them, because he ignorantly bought that dog in the Dative singular when he really supposed he was talking plural, – which left the law on the seller's side, of course, by the strict rules of grammar, and therefore a suit for recovery could not lie.

In German, all the Nouns begin with a capital letter. Now that is a good idea; and a good idea, in this language, is necessarily conspicuous from its lonesomeness. I consider this capitalizing of nouns a good idea, because by reason of it you are almost always able to tell a noun the minute you see it. You fall into error occasionally, because you mistake the name of a person for the name of a thing, and waste a good deal of time trying to dig a meaning out of it. German names almost always do mean something, and this helps to deceive the student. I translated a passage one day, which said that "the infuriated tigress broke loose and utterly ate up the unfortunate fir-forest" *(Tannenwald.)* When I was girding up my loins to doubt this, I found out that

wenn man von ihnen im Dativ spricht, klebt man ein dummes und unnötiges *e* dran und schreibt „Hause", „Pferde", „Hunde". Da nun ein angehängtes *e* oft den Plural bedeutet, wie das *s* bei uns, wird der Anfänger vermutlich einen Monat lang immerzu aus einem Dativhund Zwillinge machen, bevor er seinen Fehler entdeckt; und auf der anderen Seite hat mancher Anfänger, der sich einen Verlust kaum leisten konnte, zwei Hunde gekauft und bezahlt und nur einen bekommen, weil er, ohne es zu wissen, diesen Hund im Dativ des Singulars gekauft hat, während er tatsächlich im Plural zu sprechen glaubte – wobei natürlich nach den strengen Regeln der Grammatik das Recht auf der Seite des Verkäufers lag und deshalb eine Klage auf Rückerstattung keinen Erfolg haben konnte.

Im Deutschen fangen alle Substantive mit einem Großbuchstaben an. Das ist nun mal eine gute Idee, und eine gute Idee fällt in dieser Sprache notwendigerweise wegen ihrer Seltenheit auf. Ich halte die Großschreibung der Substantive deshalb für eine gute Idee, weil man daran fast immer das Hauptwort erkennen kann, sobald man es sieht. Gelegentlich irrt man sich freilich, weil man den Namen einer Person fälschlich für den Namen einer Sache hält und ziemlich viel Zeit mit dem Versuch vergeudet, einen Sinn herauszugraben. Deutsche Namen bedeuten fast immer etwas, und das führt den Lernbeflissenen gelegentlich hinters Licht. Einmal habe ich eine Stelle übersetzt, die besagte, daß „die wütende Tigerin ausbrach und den unglückseligen Tannenwald ganz und gar verschlang." Als ich mich gerade rüstete, das zu be-

Tannenwald, in this instance, was a man's name.

Every noun has a gender, and there is no sense or system in the distribution; so the gender of each must be learned separately and by heart. There is no other way. To do this, one has to have a memory like a memorandum book. In German, a young lady has no sex, while a turnip has. Think what overwrought reverence that shows for the turnip, and what callous disrespect for the girl. See how it looks in print – I translate this from a conversation in one of the best of the German Sunday-school books:

"*Gretchen*. Wilhelm, where is the turnip?
"*Wilhelm*. She has gone to the kitchen.
"*Gretchen*. Where is the accomplished and beautiful English maiden?
"*Wilhelm*. It has gone to the opera."

To continue with the German genders: a tree is male, its buds are female, its leaves are neuter; horses are sexless, dogs are male, cats are female, – Tom-cats included, of course; a person's mouth, neck, bosom, elbows, fingers, nails, feet, and body are of the male sex, and his head is male or neuter according to the word selected to signify it, and *not* according to the sex of the individual who wears it, – for in Germany all the women wear ei-

zweifeln, entdeckte ich, daß „Tannenwald" in diesem Falle der Name eines Mannes war.

Jedes Substantiv hat ein Geschlecht, und in dessen Verteilung liegt weder Sinn noch System; also muß man das Geschlecht jedes einzelnen Hauptwortes für sich auswendig lernen. Es gibt keinen anderen Weg. Dafür muß man das Gedächtnis eines Notizbuches haben. Im Deutschen hat ein Fräulein kein Geschlecht, während eine weiße Rübe eines hat. Man denke nur, welch übertriebene Verehrung der Rübe und welch kaltherzige Respektlosigkeit dem Fräulein gegenüber sich hier verrät. Sehen wir mal, wie das gedruckt aussieht. Ich übersetze aus einem Dialog in einem der besten deutschen Sonntagsschulbücher:

Gretchen: „Wilhelm, wo ist die Rübe?"
Wilhelm: „*Sie* ist in der Küche."
Gretchen: „Wo ist das gebildete und schöne englische Mädchen?"
Wilhelm: „*Es* ist in die Oper gegangen."

Um mit den deutschen Geschlechtern fortzufahren: Ein Baum ist männlich, seine Knospen sind weiblich, seine Blätter sind sächlich; Pferde sind geschlechtslos, Hunde sind männlich, Katzen sind weiblich – natürlich einschließlich der Kater; jemandes Mund, Hals, Busen, Ellbogen, Finger, Nägel, Füße und Leib gehören dem männlichen Geschlecht an, und sein Kopf ist männlich oder sächlich, je nach dem Wort, das zur Bezeichnung gewählt wird, und *nicht* nach dem

ther male heads or sexless ones; a person's nose, lips, shoulders, breast, hands, hips, and toes are of the female sex; and his hair, ears, eyes, chin, legs, knees, heart, and conscience, haven't any sex at all. The inventor of the language probably got what he knew about a conscience from hearsay.

Now, by the above dissection, the reader will see that in Germany a man may *think* he is a man, but when he comes to look into the matter closely, he is bound to have his doubts; he finds that in sober truth he is a most ridiculous mixture; and if he ends by trying to comfort himself with the thought that he can at least depend on a third of this mess as being manly and masculine, the humiliating second thought will quickly remind him that in this respect he is no better off than any woman or cow in the land.

In the German it is true that by some oversight of the inventor of the language, a Woman is a female; but a Wife, *(Weib,)* is not, – which is unfortunate. A Wife, here, has no sex; she is neuter; so, according to the grammar, a fish is *he*, his scales are *she*, but a fishwife is neither. To describe a wife as sexless, may be called under-description; that is bad enough, but over-description is surely worse. A German speaks of an Englishman as the

Geschlecht der Person, die ihn trägt – denn in Deutschland tragen alle Frauen entweder männliche Köpfe oder geschlechtslose Häupter; jemandes Nase, Lippen, Schultern, Brust, Hände, Hüften und Zehen gehören dem weiblichen Geschlecht an; und seine Haare, Ohren, Augen, Kinn, Beine, Knie, Herz und Gewissen haben überhaupt kein Geschlecht. Der Erfinder der Sprache hat wahrscheinlich das, was er vom Gewissen wußte, vom Hörensagen erfahren.

Nun wird der Leser aus der oben angeführten Aufteilung erkennen, daß in Deutschland ein Mann vielleicht *glaubt*, er sei ein Mann; aber wenn er darangeht, die Sache eingehender zu betrachten, müssen ihm Zweifel kommen; er stellt fest, daß er nüchtern besehen eine überaus lächerliche Mischung ist; und wenn er sich schließlich mit dem Gedanken zu trösten versucht, er könne sich wenigstens darauf verlassen, daß ein Drittel des Durcheinanders männlichen Geschlechts sei, wird der demütigende zweite Gedanke ihn schnell daran erinnern, daß er in dieser Beziehung nicht besser dran ist als jede Frau oder Kuh im Lande.

Es ist wahr, daß im Deutschen durch irgendein Versehen des Erfinders der Sprache die Frau weiblich ist, aber das Weib nicht – was bedauerlich ist. Das Weib hat hier kein Geschlecht; es ist ein Neutrum; und so ist nach der Grammatik ein Fisch *er*, seine Schuppen sind *sie*, aber ein Fischweib ist keines von beiden. Eine Frau als geschlechtslos zu bezeichnen, mag man Untercharakterisierung nennen; das ist schlimm genug, aber Übercharakterisierung ist gewiß

Engländer; to change the sex, he adds *in*, and that stands for Englishwoman, – *Engländerin*. That seems descriptive enough, but still it is not exact enough for a German; so he precedes the word with that article which indicates that the creature to follow is feminine, and writes it down thus: "*die* Engländer*in*," – which means "the *she-Englishwoman*." I consider that that person is over-described.

Well, after the student has learned the sex of a great number of nouns, he is still in a difficulty, because he finds it impossible to persuade his tongue to refer to things as "*he*" and "*she*", and "*him*" and "*her*", which it has been always accustomed to refer to as "*it*." When he even frames a German sentence in his mind, with the hims and hers in the right places, and then works up his courage to the utterance-point, it is no use, – the moment he begins to speak his tongue flies the track and all those labored males and females come out as "*its*." And even when he is reading German to himself, he always calls those things "*it*;" whereas he ought to read in this way:

schlimmer. Ein Deutscher spricht von einem englischen Mann als einem „Engländer"; um das Geschlecht zu ändern, fügt er *in* hinzu, und das bedeutet englische Frau – „Engländer*in*". Das scheint eine ausreichende Kennzeichnung zu sein, aber für einen Deutschen ist es immer noch nicht exakt genug; also setzt er vor das Wort den Artikel, der darauf hinweist, daß das folgende Geschöpf weiblich ist, und schreibt es so hin: „*die* Engländer*in*". Ich finde, daß diese Person übercharakterisiert ist.

Schön, nachdem nun der Lernbegierige das Geschlecht einer großen Menge von Substantiven gelernt hat, ist er immer noch in einer schwierigen Lage, denn er vermag seine Zunge einfach nicht zu bewegen, Dinge mit „er" und „sie" und „ihm" und „ihr" zu bezeichnen, die sie immer mit „es" zu bezeichnen gewohnt war. Sogar wenn er sich im Geiste einen deutschen Satz mit den Ihms und Ihrs an den richtigen Stellen zurechtlegt und sich dann unter Aufbietung all seines Mutes anschickt, den Satz auch auszusprechen, hat es keinen Zweck – sobald er zu sprechen anfängt, macht seine Zunge nicht mit, und all die mühsam erarbeiteten Männlichkeiten und Weiblichkeiten kommen als „es" heraus. Und sogar, wenn er für sich Deutsch liest, nennt er diese Sachen immer „es", wohingegen er in folgender Weise lesen sollte:

*Tale of the Fishwife
and Its sad Fate.**

It is a bleak Day. Hear the Rain, how *he* pours, and the Hail, how *he* rattles; and see the Snow, how *he* drifts along, and oh the Mud, how deep *he* is! Ah the poor Fishwife, *it* is stuck fast in the Mire; *it* has dropped *its* Basket of Fishes; and *its* Hands have been cut by the Scales as *it* seized some of the falling Creatures; and one Scale has even got into *its* Eye; and *it* cannot get *her* out. *It* opens *its* Mouth to cry for Help; but if any Sound comes out of *him*, alas *he* is drowned by the raging of the Storm. And now a Tomcat has got one of the Fishes and *she* will surely escape with him. No, *she* bites off a Fin, she holds *her* in *her* Mouth, – will *she* swallow *her*? No, the Fishwife's brave Mother-Dog deserts his Puppies and rescues the Fin, – which *he* eats, himself, as *his* Reward. O, horror, the Lightning has struck the Fishbasket; *he* sets *him* on Fire; see the Flame, how *she* licks the doomed Utensil with *her* red and angry Tongue; now *she* attacks the helpless Fishwife's Foot, – she burns *him* up, all but the big Toe and even *she* is partly consumed; and still *she* spreads, still *she* waves her fiery Tongues; *she* attacks the Fishwife's Leg and destroys *it*; she attacks *its* Hand and destroys *her*; *she* attacks *its* poor worn Garment and destroys *her* also; she attacks *its* Body and consumes *him*; she wreathes her-

I capitalize the nouns, in the German (and ancient English) fashion.

Geschichte von dem Fischweib
und seinem traurigen Schicksal*

Es ist ein rauher Tag. Hört den Regen, wie *er* strömt, und den Hagel, wie *er* prasselt; und seht den Schnee, wie *er* dahintreibt, und oh, den Schlamm, wie tief *er* ist! Ach, das arme Fischweib, *es* steckt im Sumpfe fest; *es* hat *seinen* Fischkorb fallen lassen; und *seine* Hände sind von den Schuppen zerschnitten worden, als *es* nach einigen der fallenden Fische griff; und eine Schuppe ist *ihm* sogar ins Auge gedrungen, und *es* kann *sie* nicht herausbekommen. *Es* öffnet den Mund, um Hilfe zu rufen, aber wenn ein Laut aus *ihm* herausdringt, ach! wird *er* vom Wüten des Sturmes erstickt. Und jetzt hat eine Katze einen der Fische erwischt, und *sie* wird gewiß mit *ihm* entkommen. Nein; *sie* beißt eine Flosse ab, *sie* hält *sie* im Maul – wird *sie sie* verschlingen? Nein, der tapfere Hund des Fischweibes verläßt *seine* Jungen und rettet die Flosse, die *er* zur Belohnung selbst auffrißt. Entsetzlich! Der Blitz hat den Fischkorb getroffen! *Er* setzt *ihn* in Brand! Seht die Flamme, wie *sie* das dem Untergang geweihte Utensil mit *ihrer* roten und zornigen Zunge beleckt! Nun greift *sie* den Fuß des hilflosen Fischweibes an – *sie* verbrennt *ihn* bis auf die große Zehe, und selbst diese ist halb verbrannt; und noch immer breitet *sie* sich aus, läßt *sie ihre* feurigen Zungen lodern! *Sie* greift das Bein des Fischweibes an und vernichtet es; *sie* greift *seine* Hand an und vernichtet *sie*; *sie* greift *seine* arme, abgetragene Kleidung an und vernichtet auch *sie*; *sie* greift

* *Ich schreibe die Substantive auf deutsche (und altenglische) Weise groß.*

self about its Heart and *it* is consumed; next about *its* Breast, and in a Moment *she is* a Cinder; now *she* reaches *its* Neck, – *he* goes; now *its* Chin, – *it* goes; now *its* Nose, – *she* goes. In another Moment, except Help come, the Fishwife will be no more. Time presses, – is there none to succor and save? Yes! Joy, joy, with flying Feet the she-Englishwoman comes! But alas, the generous she-Female is too late: where now is the fated Fishwife? It has ceased from its Sufferings, *it* has gone to a better Land; all that is left of it for its loved Ones to lament over, is this poor smouldering Ash-heap. Ah, woful, woful Ash-heap! Let us take *him* up tenderly, reverently, upon the lowly Shovel and bear *him* to his long Rest, with the Prayer that when *he* rises again it will be in a Realm where *he* will have one good square responsible Sex, and have it all to himself, instead of having a mangy lot of assorted Sexes scattered all over him in Spots.

There, now, the reader can see for himself that this pronoun-business is a very awkward thing for the unaccustomed tongue.

I suppose that in all languages the similarities of look and sound between words which have no similarity in meaning are a fruitful source of perplexity to the for-

seinen Leib an und verbrennt *ihn*; *sie* schlingt sich um *sein* Herz, und es wird verbrannt; dann um *seine* Brust, und in einem Augenblick ist *sie* Asche; nun erreicht *sie seinen* Hals – weg ist *er*; nun *sein* Kinn – weg ist es; nun *seine* Nase – weg ist *sie*. Wenn keine Hilfe kommt, wird im nächsten Augenblick das Fischweib nicht mehr sein! Die Zeit drängt – ist niemand da, zu helfen und zu retten? Ja! Frohlocken, Frohlocken! Mit fliegenden Füßen kommt *die* Engländer*in*! Aber ach! Die großherzige Frau kommt zu spät! Wo ist jetzt das dem Verhängnis verfallene Fischweib? *Es* ist von *seinen* Leiden erlöst; *es* ist in ein besseres Reich eingegangen; alles, was von *ihm* übrig ist, um die Klagen der Lieben zu hören, ist dieser arme, schwelende Aschenhaufen. Ach, trauriger, trauriger Aschenhaufen! Laßt uns *ihn* sanft und ehrfurchtsvoll auf die bescheidene Schaufel nehmen und *ihn* zu seiner langen Ruhe tragen mit dem Gebet, wenn *er* wieder auferstehe, möge es in einem Reich geschehen, wo *er* ein gutes, ordentliches, verläßliches Geschlecht besäße, und zwar ganz für sich allein, ohne einen schäbigen Haufen verschiedener Geschlechter fleckförmig über sich verstreut herumschleppen zu müssen.

Der Leser kann selbst sehen, daß diese Pronomengeschichte für die ungeübte Zunge eine sehr mißliche Sache ist.

Ich nehme an, daß die Ähnlichkeit in Schriftbild und Klang zwischen Wörtern, die keine Ähnlichkeit in der Bedeutung besitzen, für den Ausländer in allen Sprachen eine uner-

eigner. It is so in our tongue, and it is notably the case in the German. Now there is that troublesome word *vermählt*: to me it has so close a resemblance, – either real or fancied, – to three or four other words, that I never know whether it means despised, painted, suspected, or married; until I look in the dictionary, and then I find it means the latter. There are lots of such words, and they are a great torment. To increase the difficulty there are words which *seem* to resemble each other, and yet do not; but they make just as much trouble as if they did. For instance, there is the word *vermieten* (to let, to lease, to hire); and the word *verheiraten* (another way of saying to *marry*.) I heard of an Englishman who knocked at a man's door in Heidelberg and proposed, in the best German he could command, to "verheiraten" that house. Then there are some words which mean one thing when you emphasize the first syllable, but mean something very different if you throw the emphasis on the last syllable. For instance, there is a word which means a runaway, or the act of glancing through a book, according to the placing of the emphasis; and another word which signifies to *associate* with a man, or to *avoid* him, according to where you put the emphasis, – and you can generally depend on putting it in the wrong place and getting into trouble.

There are some exceedingly useful words in this language. *Schlag*, for example; and *Zug*. There are three-quarters of a column of Schlags in the dictionary, and a

schöpfliche Quelle der Verwirrung darstellt. Das gilt für unsere Sprache, und das gilt besonders für das Deutsche. Da ist nun das beschwerliche Wort „vermählt"; für mich hat es eine so große – entweder wirkliche oder eingebildete – Ähnlichkeit zu drei oder vier anderen Wörtern, daß ich nie weiß, ob es „verschmäht", „gemalt", „verdächtig" oder „verheiratet" heißt, bis ich im Wörterbuch nachschlage und dann feststelle, daß es letzteres bedeutet. Solche Wörter gibt es haufenweise, und sie sind eine große Plage. Um die Schwierigkeiten zu mehren, gibt es Wörter, die einander zu ähneln *scheinen* und doch nicht ähneln; sie machen genausoviel Ärger, als täten sie es. Zum Beispiel gibt es das Wort „vermieten" und das Wort „verheiraten". Ich habe von einem Engländer gehört, der in Heidelberg an die Tür eines Mannes klopfte und in seinem besten Deutsch vorschlug, dieses Haus zu „verheiraten". Dann gibt es gewisse Wörter, die eine Sache bedeuten, wenn man die erste Silbe betont, aber etwas ganz anderes, wenn man die Betonung auf die letzte oder vorletzte Silbe verlegt. Zum Beispiel gibt es ein Wort, das je nach der Betonung „ausreißen" bedeutet oder das flüchtige Überblättern eines Buches, und ein anderes Wort, das mit jemandem „verkehren" oder jemanden „meiden" bedeutet, je nachdem, wohin man die Betonung legt – und man kann sich gewöhnlich darauf verlassen, daß man sie an die falsche Stelle verlegt und Ärger bekommt.

In dieser Sprache gibt es einige höchst nützliche Wörter: „Schlag" zum Beispiel, und „Zug". Im Wörterbuch stehen dreiviertel Spalten Schlags und anderthalb Spalten Zugs. Das

column and a half of Zugs. The word Schlag means Blow, Stroke, Dash, Hit, Shock, Clap, Slap, Time, Bar, Coin, Stamp, Kind, Sort, Manner, Way, Apoplexy, Wood-Cutting, Enclosure, Field, Forest-Clearing. This is its simple and *exact* meaning, – that is to say, its restricted, its fettered meaning; but there are ways by which you can set it free, so that it can soar away, as on the wings of the morning, and never be at rest. You can hang any word you please to its tail, and make it mean anything you want to. You can begin with *Schlag-ader,* which means artery, and you can hang on the whole dictionary, word by word, clear through the alphabet to *Schlag-wasser*, which means bilge-water, – and including *Schlag-mutter*, which means mother-in-law.

Just the same with *Zug*. Strictly speaking, Zug means Pull, Tug, Draught, Procession, March, Progress, Flight, Direction, Expedition, Train, Caravan, Passage, Stroke, Touch, Line, Flourish, Trait of Character, Feature, Lineament, Chess-move, Organ-stop, Team, Whiff, Bias, Drawer, Propensity, Inhalation, Disposition: but that thing which it does *not* mean, – when all its legitimate pendants have been hung on, has not been discovered yet.

One cannot over-estimate the usefulness of Schlag and Zug. Armed just with these two, and the word *Also,* what cannot the foreigner on German soil accomplish? The German word *Also* is the equivalent of the English

Wort „Schlag" bedeutet Stoß, Streich, Schmiß, Hieb, Erschütterung, Klaps, Klatsch, Zeitmaß, Takt, Münzenprägen, Gepräge, Art, Rasse, Weise, Apoplexie, Holzfällen, Gehege, Flurstück, Waldrodung. Das ist seine einfache und *genaue* Bedeutung – das heißt, seine beschränkte, eingeengte Bedeutung; aber es gibt Mittel, es freizusetzen, damit es sich aufschwingen kann wie auf den Flügeln des Morgens und nie wieder zur Ruhe kommt. Man kann ihm jedes beliebige Wort an den Schwanz hängen und ihm so jede Bedeutung geben, die man nur möchte. Man kann mit „Schlagader" anfangen, was Arterie bedeutet, und man kann das ganze Lexikon Wort für Wort anhängen, durch das ganze Alphabet hindurch, bis „Schlagwasser", was Leckwasser, und einschließlich „Schlagmutter", was Schwiegermutter bedeutet.

Genauso mit „Zug". Strenggenommen bedeutet Zug: Ruck, Zerren, Luftstrom, Prozession, Marsch, Vormarsch, Vogelflug, Richtung, Feldzug, Eisenbahn, Karawane, Durchreise, Kolbenhub, Anflug, Linie, Schnörkel, Charaktereigenschaft, Teil des Gesichtsausdrucks, Merkmal, Schachbewegung, Orgelklappe, Gespann, Hang, Neigung, Inhalation, Veranlagung; aber das, was es *nicht* bedeutet, wenn alle seine legitimen Anhängsel angefügt sind, hat noch niemand herausgefunden.

Man kann die Nützlichkeit von Schlag und Zug gar nicht überschätzen. Nur mit diesen beiden und mit dem Wort „also" bewaffnet, was kann der Ausländer auf deutschem Boden nicht alles erreichen! Das deutsche Wort „also" ent-

phrase "You know," and does not mean anything at all, – in *talk*, though it sometimes does in print. Every time a German opens his mouth an *Also* falls out; and every time he shuts it he bites one in two that was trying to *get* out.

Now, the foreigner, equipped with these three noble words, is master of the situation. Let him talk right along, fearlessly; let him pour his indifferent German forth, and when he lacks for a word, let him heave a *Schlag* into the vacuum; all the chances are, that it fits it like a plug; but if it doesn't, let him promptly heave a *Zug* after it; the two together can hardly fail to bung the hole; but if, by a miracle, they *should* fail, let him simply say *Also!* and this will give him a moment's chance to think of the needful word. In Germany, when you load your conversational gun it is always best to throw in a *Schlag* or two and a *Zug* or two; because it doesn't make any difference how much the rest of the charge may scatter, you are bound to bag something with *them*. Then you blandly say *Also*, and load up again. Nothing gives such an air of grace and elegance and unconstraint to a German or an English conversation as to scatter it full of "Also's" or "You-knows."

spricht der englischen Phrase „you know", und das bedeutet überhaupt nichts – in der *Unterhaltung*, obwohl es gedruckt manchmal doch etwas bedeutet. Jedesmal, wenn ein Deutscher den Mund öffnet, fällt ein „Also" heraus; und jedesmal, wenn er ihn schließt, zerbeißt er eines, das ihm gerade entschlüpfen wollte.

Nun, mit diesen drei prachtvollen Wörtern ausgerüstet, ist der Ausländer Herr der Lage. Er mag nur furchtlos daherreden; er mag nur sein leidliches Deutsch dahinplätschern lassen, und wenn ihm ein Wort fehlt, mag er einen „Schlag" in das Vakuum stopfen; alle Wahrscheinlichkeit spricht dafür, daß es sauber hineinpaßt; aber wenn nicht, mag er sofort einen „Zug" hinterherstoßen; beiden zusammen kann es kaum mißlingen, das Loch zu spunden; aber wenn sie durch ein Wunder *doch* versagen sollten, mag er einfach „Also!" sagen, und das verschafft ihm einen Augenblick Zeit, sich das benötigte Wort einfallen zu lassen. Wenn man in Deutschland seine Gesprächsflinte lädt, ist es immer zweckmäßig, einen oder zwei „Schlag" und „Zug" mit hineinzustecken; denn gleichgültig, wie weit die übrige Ladung streuen mag, mit *diesen* beiden wird man unbedingt etwas zur Strecke bringen. Dann sagt man sanft „also" und lädt nach. Nichts verleiht einer deutschen oder englischen Unterhaltung einen solchen Anstrich von Anmut und Eleganz, als wenn man genügend „Alsos" oder „You knows" einstreut.

In my note-book I find this entry:

July 1. – In the hospital, yesterday, a word of thirteen syllables was successfully removed from a patient, – a North-German from near Hamburg; but as most unfortunately the surgeons had opened him in the wrong place, under the impression that he contained a panorama, he died. The sad event has cast a gloom over the whole community.

That paragraph furnishes a text for a few remarks about one of the most curious and notable features of my subject, – the length of German words. Some German words are so long that they have a perspective. Observe these examples:

Freundschaftsbezeigungen.
Dilettantenaufdringlichkeiten.
Stadtverordnetenversammlungen.

These things are not words, they are alphabetical processions. And they are not rare; one can open a German newspaper any time and see them marching majestically across the page, – and if he has any imagination he can see the banners and hear the music, too. They impart a martial thrill to the meekest subject. I take a great interest in these curiosities. Whenever I come across a good one, I stuff it and put it in my museum. In this way I have made quite a valuable collection. When I get du-

In meinem Notizbuch finde ich folgende Eintragung:

„*1. Juli.* – Im Krankenhaus ist gestern einem Patienten mit Erfolg ein dreizehnsilbiges Wort entfernt worden – einem Norddeutschen aus der Nähe von Hamburg –, aber da ihn die Chirurgen in der Annahme, er habe ein Panorama verschluckt, unglücklicherweise an der falschen Stelle geöffnet hatten, ist er gestorben. Das beklagenswerte Ereignis hat die ganze Gemeinde in Trauer versetzt".

Diese Notiz liefert den Stoff für ein paar Bemerkungen über eine der seltsamsten und merkwürdigsten Besonderheiten meines Themas – die Länge der deutschen Wörter. Einige deutsche Wörter sind so lang, daß sie eine Perspektive aufweisen. Man beachte folgende Beispiele:

Freundschaftsbezeigungen,
Dilettantenaufdringlichkeiten,
Stadtverordnetenversammlungen.

Diese Dinger sind keine Wörter, sie sind Buchstabenprozessionen. Und sie sind nicht selten; man kann jederzeit eine deutsche Zeitung aufschlagen und sie majestätisch quer über die Seite marschieren sehen – und wenn man nur einen Funken Phantasie besitzt, kann man auch die Banner sehen und die Musik hören. Sie verleihen dem sanftesten Thema einen kriegerischen Schmiß. Ich interessiere mich sehr für solche Kuriositäten. Wenn ich auf ein gutes Exemplar stoße, stopfe ich es aus und stelle es in mein Museum. Auf diese

plicates, I exchange with other collectors, and thus increase the variety of my stock. Here are some specimens which I lately bought at an auction sale of the effects of a bankrupt bric-a-brac hunter:

Generalstaatsverordnetenversammlungen.
Altertumswissenschaften.
Kinderbewahrungsanstalten.
Unabhängigkeitserklärungen.
Wiederherstellungsbestrebungen.
Waffenstillstandsunterhandlungen.

Of course when one of these grand mountain ranges goes stretching across the printed page, it adorns and ennobles that literary landscape, – but at the same time it is a great distress to the new student, for it blocks up his way; he cannot crawl under it, or climb over it or tunnel through it. So he resorts to the dictionary for help; but there is no help there. The dictionary must draw the line somewhere, – so it leaves this sort of words out. And it is right, because these long things are hardly legitimate words, but are rather combinations of words, and the inventor of them ought to have been killed. They are compound words, with the hyphens left out. The various words used in building them are in the dictionary, but in a very scattered condition; so you can hunt the materials out, one by one, and get at the mean-

Weise habe ich eine recht wertvolle Sammlung angelegt. Wenn ich Doubletten bekomme, tausche ich mit anderen Sammlern und mehre so die Mannigfaltigkeit meines Bestandes. Hier folgen einige Exemplare, die ich kürzlich bei der Versteigerung der Habe eines bankrotten Raritätenjägers erstand:

Generalstaatsverordnetenversammlungen,
Altertumswissenschaften,
Kinderbewahrungsanstalten,
Unabhängigkeitserklärungen,
Wiederherstellungsbestrebungen,
Waffenstillstandsunterhandlungen.

Wenn sich eine dieser großartigen Bergketten quer über die Druckseite zieht, schmückt und adelt sie natürlich die literarische Landschaft – aber gleichzeitig bereitet sie dem unerfahrenen Schüler großen Verdruß, denn sie versperrt ihm den Weg; er kann nicht unter ihr durchkriechen oder über sie hinwegklettern oder sich einen Tunnel durch sie hindurchgraben. Also wendet er sich hilfesuchend an sein Wörterbuch; aber da findet er keine Hilfe. Irgendwo muß das Wörterbuch eine Grenze ziehen – und so läßt es diese Art von Wörtern aus. Und das ist richtig, denn diese langen Dinger sind kaum echte Wörter, sondern eher Wortkombinationen, und ihr Erfinder hätte umgebracht werden müssen. Es sind zusammengesetzte Wörter, deren Bindestriche weggelassen sind. Die verschiedenen Wörter, aus denen sie aufgebaut sind, stehen im Wörterbuch, aber sehr ver-

ing at last, but it is a tedious and harrassing business. I have tried this process upon some of the above examples. "Freundschaftsbezeigungen" seems to be "Friendship demonstrations," which is only a foolish and clumsy way of saying "demonstrations of friendship." "Unabhängigkeitserklärungen" seems to be "Independencedeclarations," which is no improvement upon "Declarations of Independence," as far as I can see. "Generalstaatsverordnetenversammlungen" seems to be "Generalstatesrepresentativesmeetings," as nearly as I can get at it, – a mere rhythmical, gushy euphuism for "meetings of the legislature," I judge. We used to have a good deal of this sort of crime in our literature, but it has gone out, now. We used to speak of a thing as a "never-to-be-forgotten" circumstance, instead of cramping it into the simple and sufficient word "memorable" and then going calmly about our business as if nothing had happened. In those days we were not content to embalm the thing and bury it decently, we wanted to build a monument over it.

But in our newspapers the compounding disease lingers a little to the present day, but with the hyphens left out, in the German fashion. This is the shape it takes: instead of saying "Mr. Simmons, clerk of the county and district courts, was in town yesterday," the new form puts it thus: "Clerk of the County and District Court Simmons was in town yesterday." This saves neither time nor ink, and has an awkward sound besides. One often sees a

streut, so daß man sie nacheinander aufstöbern kann und schließlich den Sinn herauskriegt, aber das ist eine langwierige und aufreibende Beschäftigung. Ich habe dieses Verfahren an einigen der oben angeführten Beispiele ausprobiert. „Freundschaftsbezeigungen" ist nur eine dumme und ungeschickte Art, „demonstrations of friendship" zu sagen. „Unabhängigkeitserklärungen" ist keine Verbesserung gegenüber „Declarations of Independence", finde ich. „Generalstaatsverordnetenversammlungen" ist, soweit ich es feststellen kann, bloß ein rhythmischer, überspannter, gespreizter Ausdruck für „meetings of the legislature". In unserer Literatur hatten wir einmal eine ganze Menge Verbrechen dieser Art, aber sie sind jetzt verschwunden. Wir sprachen damals von einer „nie-zu-vergessenden" Sache, statt alles in das schlichte und hinreichende Wort „denkwürdig" zu zwängen und gelassen unseren Geschäften nachzugehen, als sei nichts geschehen. Damals waren wir nicht damit zufrieden, die Sache einzubalsamieren und auf anständige Weise zu begraben, wir wollten noch ein Monument darüber errichten.

Aber auch in unseren Zeitungen wirkt die Zusammensetzungsseuche bis zum heutigen Tag noch ein bißchen fort, jedoch nach deutscher Art ohne Bindestriche. Sie nimmt folgende Form an: Statt zu sagen: „Mr. Simmons, Sekretär des Kreis- und Distriktgerichts, war gestern in der Stadt", wird es auf die neue Art so formuliert: „Kreis- und Distriktsgerichtssekretär Simmons war gestern in der Stadt." Das spart weder Zeit noch Tinte und klingt außerdem ungeschickt. In

remark like this in our papers: "*Mrs.* Assistant District Attorney Johnson returned to her city residence yesterday for the season." That is a case of really unjustifiable compounding; because it not only saves no time or trouble, but confers a title on Mrs. Johnson which she has no right to. But these little instances are trifles indeed, contrasted with the ponderous and dismal German system of piling jumbled compounds together. I wish to submit the following local item, from a Mannheim journal, by way of illustration:

"In the daybeforeyesterdayshortlyaftereleveno'clock Night, the inthistownstandingtavern called 'The Wagoner' was downburnt. When the Fire to the onthedownburninghouseresting Stork's Nest reached, flew the parent Storks away. But when the bytheraging, firesurrounded Nest *itself* caught Fire, straightway plunged the quickreturning Mother-Stork into the Flames and died, her Wings over her young ones outspread."

Even the cumbersome German construction is not able to take the pathos out of that picture, – indeed it somehow seems to strengthen it. This item is dated away back yonder months ago. I could have used it sooner, but I was waiting to hear from the Father-Stork. I am still waiting.

"Also!" If I have not shown that the German is a difficult

unseren Zeitungen findet man oft eine Bemerkung wie diese: „*Frau* Unterbezirksstaatsanwalt Johnson kehrte gestern für die Saison in ihre Stadtwohnung zurück." Das ist ein Fall von wirklich unberechtigter Zusammenziehung; denn er spart nicht nur keine Zeit und Mühe, sondern verleiht Frau Johnson einen Titel, auf den sie kein Recht hat. Aber diese kleinen Beispiele sind wirklich Lappalien, verglichen mit dem schwerfälligen und schrecklichen deutschen System, durcheinandergemengte Zusammensetzungen anzuhäufen. Ich möchte zur Illustration die folgende Lokalnotiz aus einer Mannheimer Tageszeitung vorlegen:

„Vorgesternkurznachelfuhrabend brannte der indieserstadtstehendegasthof ‚Zum Fuhrmann' ab. Als das Feuer das aufdemabbrennendenhausruhende Storchennest erreichte, flogen die Storcheneltern fort. Aber als das vondemtobendenfeuerumgebene Nest *selbst* Feuer fing, stürzte sich sofort die schnellwiederkehrende Storchenmutter in die Flammen und starb, die Flügel über die Jungen gebreitet."

Selbst die schwerfällige deutsche Konstruktion ist nicht fähig, dem Bilde das Pathos zu nehmen – tatsächlich scheint sie es irgendwie zu unterstreichen. Diese Notiz ist Monate zurück datiert. Ich hätte sie früher verwenden können, aber ich wartete noch darauf, etwas über den Storchenvater zu erfahren. Ich warte immer noch.

„Also!" Wenn ich nicht bewiesen habe, daß das Deutsche ei-

language, I have at least intended to do it. I have heard of an American student who was asked how he was getting along with his German, and who answered promptly: "I am not getting along at all. I have worked at it hard for three level months, and all I have got to show for it is one solitary German phrase, – 'Zwei Glas!'" (two glasses of beer.) He paused a moment, reflectively, then added with feeling: "But I've got that *solid!*"

And if I have not also shown that German is a harassing and infuriating study, my execution has been at fault, and not my intent. I heard lately of a worn and sorely tried American student who used to fly to a certain German word for relief when he could bear up under his aggravations no longer, – the only word in the whole language whose sound was sweet and precious to his ear and healing to his lacerated spirit. This was the word *Damit*. It was only the sound that helped him, not the *meaning*; and so, at last, when he learned that the emphasis was not on the first syllable, his only stay and support was gone, and he faded away and died.

I think that a description of any loud, stirring, tumultuous episode must be tamer in German than in English. Our descriptive words of this character have such a deep, strong, resonant sound, while their German

ne schwierige Sprache ist, so habe ich es wenigstens beabsichtigt. Ich habe von einem amerikanischen Studenten gehört, der gefragt wurde, wie er mit seinem Deutsch vorankomme, und prompt antwortete: „Ich komme überhaupt nicht voran. Ich habe drei volle Monate lang hart daran gearbeitet, und alles, was ich vorweisen kann, ist nur der eine deutsche Satz: ‚Zwei Glas!' " Er hielt einen Augenblick nachdenklich inne, dann fügte er mit Nachdruck hinzu: „Aber der *sitzt!"*

Und wenn ich nicht auch bewiesen habe, daß Deutsch ein quälendes und erbitterndes Fach ist, dann ist meine Darstellung zu rügen, *nicht* meine Absicht. Ich habe kürzlich von einem verhärmten und schwergeprüften amerikanischen Studenten gehört, der immer, wenn er seine Kümmernisse nicht länger tragen konnte, zu einem bestimmten deutschen Wort seine Zuflucht nahm – dem einzigen Wort in der ganzen Sprache, dessen Klang seinem Ohr süß und köstlich und seinem gefolterten Geiste wohltätig war. Es war das Wort „damit". Nur der Klang war es, der ihm half, nicht die Bedeutung; und so wurde ihm schließlich, als er erfuhr, daß die Betonung nicht auf der ersten Silbe liege, seine einzige Stütze, sein einziger Halt genommen, und er schwand dahin und starb.

Ich glaube, die Beschreibung eines lauten, erregenden, tumulthaften Geschehens muß im Deutschen zahmer als im Englischen klingen. Unsere bildhaften Wörter dieser Art haben einen so tiefen, starken, volltönenden Klang, während ih-

equivalents do seem so thin and mild and energyless. Boom, burst, crash, roar, storm, bellow, blow, thunder, explosion; howl, cry, shout, yell, groan; battle, hell. These are magnificent words; they have a force and magnitude of sound befitting the things which they describe. But their German equivalents would be ever so nice to sing the children to sleep with, or else my awe-inspiring ears were made for display and not for superior usefulness in analyzing sounds. Would any man want to die in a battle which was called by so tame a term as a *Schlacht?* Or would not a consumptive feel too much bundled up, who was about to go out, in a shirt collar and a seal ring, into a storm which the bird-song word *Gewitter* was employed to describe? And observe the strongest of the several German equivalents for explosion, – *Ausbruch*. Our word Toothbrush is more powerful than that. It seems to me that the Germans could do worse than import it into their language to describe particularly tremendous explosions with. The German word for hell, – Hölle, – sounds more like *helly* than anything else; therefore, how necessarily chipper, frivolous and unimpressive it is. If a man were told in German to go there, could he really rise to the dignity of feeling insulted?

Having now pointed out, in detail, the several vices of

re deutschen Entsprechungen so dünn und mild und kraftlos klingen. Boom, burst, crash, roar, storm, bellow, blow, thunder, explosion; howl, cry, shout, yell, groan; battle, hell. Das sind großartige Wörter. Ihr Klang besitzt eine Kraft und Mächtigkeit, die den Dingen angemessen sind, die sie beschreiben. Aber ihre deutschen Entsprechungen wären niedlich genug, um Kinder damit in den Schlaf zu singen, oder aber meine achtunggebietenden Ohren sind nur Schaustücke und nicht wesentlich nützlichere Instrumente zur Klanganalyse. Würde irgendein Mensch in einer Auseinandersetzung sterben wollen, die mit einem so harmlosen Ausdruck wie „Schlacht" benannt würde? Oder würde sich ein Schwindsüchtiger nicht zu dick verpackt vorkommen, wenn er, nur mit Hemdkragen und Siegelring bekleidet, in einen Sturm hinausgehen wollte, den zu beschreiben das an Vogelgezwitscher erinnernde Wort „Gewitter" verwendet würde? Und man beachte die stärkste der verschiedenen deutschen Entsprechungen für „explosion" – „Ausbruch". Da ist unser Wort für Zahnbürste – „toothbrush" – kraftvoller. Mir scheint, es wäre nicht das schlechteste, wenn die Deutschen es in ihre Sprache einführten, um besonders gewaltige Explosionen damit zu beschreiben. Das deutsche Wort für „hell" – Hölle – klingt mehr wie „helly" als sonst etwas; wie dürr, nüchtern und ausdruckslos wirkt es also zwangsläufig. Könnte sich jemand, dem auf deutsch gesagt würde, er solle dorthin gehen, wirklich dazu aufschwingen, sich beleidigt zu fühlen?

Nachdem ich die verschiedenen Untugenden dieser Sprache

this language, I now come to the brief and pleasant task of pointing out its virtues. The capitalizing of the nouns, I have already mentioned. But far before this virtue stands another, – that of spelling a word according to the sound of it. After one short lesson in the alphabet, the student can tell how any German word is pronounced, without having to ask; whereas in our language if a student should inquire of us "What does B,O,W spell?" we should be obliged to reply, "Nobody can tell what it spells, when you set it off by itself, – you can only tell by referring to the context and finding out what it signifies, – whether it is a thing to shoot arrows with, or a nod of one's head, or the forward end of a boat."

There are some German words which are singularly and powerfully effective. For instance, those which describe lowly, peaceful and affectionate home life; those which deal with love, in any and all forms, from mere kindly feeling and honest good will toward the passing stranger, clear up to courtship; those which deal with out-door Nature, in its softest and loveliest aspects, – with meadows, and forests, and birds and flowers, the fragrance and sunshine of summer, and the moonlight of peaceful winter nights; in a word, those which deal with any and all forms of rest, repose, and peace; those also which deal with the creatures and marvels of fairyland; and lastly and chiefly, in those words which express pathos,

ausführlich dargelegt habe, komme ich nun zu der kurzen und angenehmen Aufgabe, ihre Tugenden hervorzuheben. Die Großschreibung der Substantive habe ich bereits erwähnt. Aber weit vor dieser Tugend kommt noch eine andere – daß die Wörter so geschrieben werden, wie sie klingen. Nach einer kurzen Unterweisung im Alphabet weiß der Schüler schon, wie jedes deutsche Wort ausgesprochen wird, ohne fragen zu müssen, während wir in unserer Sprache einem Schüler auf die Frage: „Was bedeutet das Wort b-o-w?" antworten müßten: „Niemand kann sagen, was es heißt, wenn es für sich allein steht; man kann es nur sagen, wenn man es im Textzusammenhang betrachtet und auf diese Weise seine Bedeutung ermittelt – ob es eine Sache ist, mit der man Pfeile abschießt, oder ein Kopfnicken oder das Vorderende eines Bootes."

Es gibt einige deutsche Wörter, die ungewöhnlich ausdrucksstark sind. Zum Beispiel diejenigen, die das stille, friedliche und zärtliche Familienleben beschreiben; diejenigen, die die Liebe in jeder Form betreffen, von einfacher Freundlichkeit und ehrlichem Wohlwollen dem vorbeikommenden Fremden gegenüber bis hinauf zum Liebeswerben; diejenigen, die sich mit der Natur draußen in ihren sanftesten und lieblichsten Formen befassen – mit Wiesen und Wäldern, Vögeln und Blumen, dem Duft und dem Sonnenschein des Sommers und dem Mondlicht friedvoller Winternächte; mit einem Wort, diejenigen, die alle nur möglichen Formen der Untätigkeit, der Ruhe und des Friedens schildern; auch diejenigen, die von den Geschöpfen und Wundern des Märchen-

is the language surpassingly rich and effective. There are German songs which can make a stranger to the language cry. That shows that the *sound* of the words is correct, – it interprets the meanings with truth and with exactness; and so the ear is informed, and through the ear, the heart.

The Germans do not seem to be afraid to repeat a word when it is the right one. They repeat it several times, if they choose. That is wise. But in English when we have used a word a couple of times in a paragraph, we imagine we are growing tautological, and so we are weak enough to exchange it for some other word which only approximates exactness, to escape what we wrongly fancy is a greater blemish. Repetition may be bad, but surely inexactness is worse.

There are people in the world who will take a great deal of trouble to point out the faults in a religion or a language, and then go blandly about their business without suggesting any remedy. I am not that kind of a person. I have shown that the German language needs reforming. Very well, I am ready to reform it. At least I am ready to make the proper suggestions. Such a course as this might be immodest in another; but I have devoted upwards of nine full weeks, first and last, to a careful and critical study of this tongue, and thus have acquired a

landes handeln; und schließlich und hauptsächlich ist die Sprache in denjenigen Wörtern, die Pathos ausdrücken, unübertrefflich reich und ausdrucksstark. Es gibt deutsche Lieder, die einen mit der Sprache nicht Vertrauten zum Weinen bringen können. Das zeigt, daß der *Klang* der Wörter stimmt – er gibt den Inhalt haargenau wieder; und auf diese Weise wird das Ohr angesprochen und über das Ohr das Herz.

Die Deutschen scheinen keine Angst davor zu haben, ein Wort zu wiederholen, wenn es das richtige ist. Sie wiederholen es sogar mehrmals, wenn sie wollen. Das ist klug. Aber wenn wir im Englischen ein Wort in einem Absatz mehrmals verwendet haben, bilden wir uns ein, tautologisch zu werden, und dann sind wir so schwach, daß wir es gegen irgendein anderes Wort auswechseln, das der genauen Bedeutung nur nahekommt, nur um dem zu entgehen, was wir fälschlich für den größeren Makel halten. Wiederholung mag von Übel sein, aber bestimmt ist Ungenauigkeit schlimmer.

Es gibt in der Welt Leute, die sich die größte Mühe geben, die Mängel einer Religion oder einer Sprache aufzudecken, und dann gelassen ihrer Wege gehen, ohne Abhilfe vorzuschlagen. Ich gehöre nicht zu diesen Menschen. Ich habe gezeigt, daß die deutsche Sprache reformbedürftig ist. Nun denn, ich bin bereit, sie zu reformieren. Zumindest bin ich bereit, die geeigneten Vorschläge zu unterbreiten. Ein solches Vorgehen wäre bei jemand anderem unbescheiden; aber ich habe alles in allem mehr als neun Wochen einem gewissenhaften und kritischen Studium dieser Sprache gewidmet und daraus ein

confidence in my ability to reform it which no mere superficial culture could have conferred upon me.

In the first place, I would leave out the Dative Case. It confuses the plurals; and besides, nobody ever knows when he is in the Dative Case, except he discovers it by accident, – and then he does not know when or where it was that he got into it, or how long he has been in it, or how he is ever going to get out of it again. The Dative Case is but an ornamental folly, – it is better to discard it.

In the next place, I would move the Verb further up to the front. You may load up with ever so good a Verb, but I notice that you never really bring down a subject with it at the present German range, – you only cripple it. So I insist that this important part of speech should be brought forward to a position where it may be easily seen with the naked eye.

Thirdly, I would import some strong words from the English tongue, – to swear with, and also to use in describing all sorts of vigorous things in a vigorous way.*

---

*"Verdammt," and its variations and enlargements, are words which have plenty of meaning, but the sounds are so mild and ineffectual that German ladies can use them without sin. German ladies who could not be induced to commit a sin by any per-suasion or compulsion, promptly rip out one of these harmless little words when they tear

Zutrauen zu meiner Fähigkeit, sie zu reformieren, gewonnen, das mir eine bloß oberflächliche Bildung nicht hätte vermitteln können.

Zuerst einmal würde ich den Dativ fortlassen. Er bringt die Plurale durcheinander; und außerdem weiß man nie, wann man sich im Dativ befindet, wenn man es nicht zufällig entdeckt – und dann weiß man nicht, wann oder wo man hineingeraten ist, wie lange man schon drin ist oder wie man jemals wieder herauskommen soll. Der Dativ ist nur eine närrische Verzierung – es ist besser, ihn aufzugeben.

Als nächstes würde ich das Verb weiter nach vorn holen. Man kann mit einem noch so guten Verb laden, ich stelle doch fest, daß man bei der gegenwärtigen deutschen Entfernung nie wirklich ein Subjekt zur Strecke bringt – man verletzt es nur. Deswegen bestehe ich darauf, diese wichtige Wortart an eine Stelle vorzuholen, wo sie mit bloßem Auge leicht zu erkennen ist.

Drittens würde ich einige kraftvolle Wörter aus der englischen Sprache importieren – zum Fluchen und auch, um alle möglichen kräftigen Dinge kräftig auszudrücken zu können.*

---

*„Verdammt" und seine Abwandlungen und Erweiterungen sind Wörter, denen viel Bedeutung innewohnt, aber der Klang ist so mild und wirkungslos, daß deutsche Damen sie gebrauchen können, ohne sich zu versündigen. Deutsche Damen, die man durch keinerlei Überredung oder Zwang dazu bringen könnte, eine Sünde zu begehen, stoßen sofort

Fourthly, I would reorganize the sexes, and distribute them according to the will of the Creator. This as a tribute of respect, if nothing else.

Fifthly, I would do away with those great long compounded words; or require the speaker to deliver them in sections, with intermissions for refreshments. To wholly do away with them would be best, for ideas are more easily received and digested when they come one at a time than when they come in bulk. Intellectual food is like any other; it is pleasanter and more beneficial to take it with a spoon than with a shovel.

Sixthly, I would require a speaker to stop when he is done, and not hang a string of those useless "haben sind gewesen gehabt haben geworden seins" to the end of his oration. This sort of gew-gaws undignify a speech, instead of adding a grace. They are therefore an offense, and should be discarded.

their dresses or don't like the soup. It sounds about as wicked as our "My gracious." German ladies are constantly saying "Ach! Gott!" "Mein Gott!" "Gott im Himmel!" "Herr Gott!" "Der Herr Jesus!" etc. They think our ladies have the same custom, perhaps, for I once heard a gentle and lovely old German lady say to a sweet young American girl: "The two languages are so alike – how pleasant that is; we say 'Ach! Gott!', you say 'Goddam.'"

Viertens würde ich die Geschlechter reorganisieren und sie nach dem Willen des Schöpfers verteilen. Dies als Ehrfurchtsbeweis, wenn schon als nichts anderes.

Fünftens würde ich diese großmächtigen, langen, zusammengesetzten Wörter beseitigen oder den Sprecher auffordern, sie abschnittsweise vorzutragen, mit Pausen zum Einnehmen von Erfrischungen. Das beste wäre, sie gänzlich abzuschaffen, denn Ideen werden leichter aufgenommen und verdaut, wenn sie einzeln kommen, als wenn sie in einem Haufen anrücken. Geistige Speise ist wie jede andere; es ist angenehmer und bekömmlicher, sie mit einem Löffel einzunehmen statt mit einer Schaufel.

Sechstens würde ich vom Sprecher verlangen aufzuhören, wenn er fertig ist, und seiner Rede nicht eine Girlande dieser unnützen „haben sind gewesen gehabt haben geworden seins" anzuhängen. Solche Kinkerlitzchen entwürdigen eine Rede, statt ihr einen zusätzlichen Reiz zu verleihen. Sie sind daher ein Ärgernis und sollten verworfen werden.

eines dieser harmlosen kleinen Wörter aus, wenn sie ihr Kleid zerreißen oder die Suppe ihnen nicht schmeckt. Es klingt ungefähr so verrucht wie unser „My gracious!" Deutsche Damen sagen immerzu „Ach Gott!", „Mein Gott!", „Gott im Himmel!", „Herrgott!", „Herr Jesus!" und so weiter. Vielleicht glauben sie, unsere Damen frönten demselben Brauch, denn ich habe einmal eine vornehme und liebenswerte alte deutsche Dame zu einer reizenden jungen Amerikanerin sagen hören: „Die beiden Sprachen sind einander so ähnlich – wie nett; wir sagen ‚Ach Gott!', und Sie sagen ‚Goddam!'"

Seventhly, I would discard the parenthesis. Also the re-parenthesis, the re-re-parenthesis, and the re-re-re-re-re-re-parentheses, and likewise the final wide-reaching all-enclosing King-parenthesis. I would require every individual, be he high or low, to unfold a plain straightforward tale, or else coil it and sit on it and hold his peace. Infractions of this law should be punishable with death.

And eighthly and lastly, I would retain *Zug* and *Schlag*, with their pendants, and discard the rest of the vocabulary. This would simplify the language.

I have now named what I regard as the most necessary and important changes. These are perhaps all I could be expected to name for nothing; but there are other suggestions which I can and will make in case my proposed application shall result in my being formally employed by the government in the work of reforming the language. My philological studies have satisfied me that a gifted person ought to learn English (barring spelling and pronouncing), in 30 hours, French in 30 days, and German in 30 years. It seems manifest, then, that the latter tongue ought to be trimmed down and repaired. If it is to remain as it is, it ought to be gently and reverently set aside among the dead languages, for only the dead have time to learn it.

Siebentens würde ich die Parenthese abschaffen. Ebenso die Unterparenthese, die Unterunterparenthese und die Unterunterunterunterunterunterparenthesen sowie die abschließende, weitreichende, allumfassende Hauptparenthese. Ich würde von jedem einzelnen, hoch oder niedrig, verlangen, daß er eine einfache, gradlinige Erzählung entwickle oder aber sie zusammenrolle, sich darauf setze und still sei. Übertretungen dieses Gesetzes sollten mit dem Tode bestraft werden.

Und achtens und letztens würde ich „Zug" und „Schlag" mit ihren Anhängseln beibehalten und den Rest des Vokabulars verwerfen. Das würde die Sache vereinfachen.

Nun habe ich angeführt, was ich als die notwendigsten und wichtigsten Änderungen betrachte. Man kann wohl kaum erwarten, daß ich gratis noch mehr nennen werde; aber es gibt weitere Vorschläge, die ich einreichen kann und werde, falls meine geplante Bewerbung dazu führt, daß ich von der Regierung in aller Form dazu angestellt werde, die Sprache zu reformieren. Meine philologischen Studien haben mich davon überzeugt, daß ein begabter Mensch Englisch (ausgenommen Rechtschreibung und Aussprache) in dreißig Stunden lernen kann, Französisch in dreißig Tagen und Deutsch in dreißig Jahren. Es liegt also auf der Hand, daß die letztgenannte Sprache zurechtgestutzt und ausgebessert werden muß. Wenn sie so bleiben sollte, wie sie ist, müßte man sie sanft und ehrerbietig bei den toten Sprachen ablegen, denn nur die Toten haben Zeit, sie zu lernen.

A fourth of July Oration in the German Tongue,
delivered at a Banquet of the Anglo-American Club
of Students by the Author of this Book.

Gentlemen: Since I arrived, a month ago, in this old wonderland, this vast garden of Germany, my English tongue has so often proved a useless piece of baggage to me, and so troublesome to carry around, in a country where they haven't the checking system for luggage, that I finally set to work, last week, and learned the German language. Also! Es freut mich, dass dies so ist, denn es muss, in ein hauptsächlich degree, höflich sein, dass man auf ein occasion like this, sein Rede in die Sprache des Landes worin he boards, aussprechen soll. Dafür habe ich, aus reinische Verlegenheit, – no, Vergangenheit, – no, I mean Höflichkeit, – aus reinische Höflichkeit habe ich resolved to tackle this business in the German language, um Gottes willen! Also! Sie müssen so freundlich sein, und verzeih mich die interlarding von ein oder zwei Englischer Worte, hie und da, denn ich finde dass die deutche is not a very copious language, and so when you've really got anything to say, you've got to draw on a language that can stand the strain.

Wenn aber man kann nicht meinem Rede verstehen, so werde ich ihm später dasselbe übersetz, wenn er solche Dienst verlangen wollen haben werden sollen sein hätte. (I don't know "what wollen haben werden sollen

Rede in deutscher Sprache,

gehalten vom Autor dieses Buches bei einem Festessen des

Anglo-Amerikanischen Studentenklubs anläßlich des 4. Juli

Meine Herren! Seit ich vor einem Monat in diesem alten Wunderland, diesem ungeheuren Garten Deutschland angekommen bin, hat sich meine englische Sprache schon so oft als unnützes Gepäckstück erwiesen, und in einem Land, wo man Gepäck nicht aufgeben kann, war es so lästig, sie mitzuschleppen, daß ich mich schließlich in der vorigen Woche an die Arbeit gemacht und die deutsche Sprache gelernt habe. *Also! Es freut mich, daß dies so ist, denn es muß, in ein hauptsächlich degree, höflich sein, daß man auf ein occasion like this, sein Rede in die Sprache des Landes worin he boards, aussprechen soll. Dafür habe ich aus reinische Verlegenheit – no, Vergangenheit – no, I mean Höflichkeit, – aus reinische Höflichkeit habe ich resolved to tackle this business in the German language, um Gottes willen! Also! Sie müssen so freundlich sein und verzeih mich die interlarding von ein oder zwei englischer Worte, hie und da, denn ich finde, daß die deutsche ist not a very copious language,* und so muß man, wenn man wirklich etwas zu sagen hat, auf eine Sprache zurückgreifen, die der Belastung gewachsen ist.

Wenn man aber kann nicht meinem Rede verstehen, so werde ich ihm später dasselbe übersetz, wenn er solche Dienste verlangen wollen haben werden sollen sein hätte. (Ich weiß nicht, was „wollen haben werden sollen sein hätte" bedeutet,

sein hätte" means, but I notice they always put it at the end of a German sentence – merely for general literary gorgeousness, I suppose.)

This is a great and justly honored day, – a day which is worthy of the veneration in which it is held by the true patriots of all climes and nationalities, – a day which offers a fruitful theme for thought and speech; und meinem Freunde, – no, meinen Freunden, – meines Freundes, – well, take your choice, they're all the same price; I don't know which one is right, – also! ich habe gehabt haben worden gewesen sein, as Goethe says, in his Paradise Lost, – ich, – ich, – that is to say, – ich, – but let us change cars.

Also! Die Anblick so viele Grossbrittanischer und Amerikanischer hier zusammengetroffen in Bruderliche concord, ist zwar a welcome and inspiriting spectacle. And what has moved you to it? Can the terse German tongue rise to the expression of this impulse? Is it Freundschaftsbezeigungenstadtverordnetenversammlungenfamilieneigenthümlichkeiten? Nein, o nein! This is a crisp and noble word, but it fails to pierce the marrow of the impulse which has gathered this friendly meeting and produced diese Anblick, – eine Anblick welche ist gut zu sehen, – gut für die Augen in a foreign land and a far country, – eine Anblick solche als in die gewönliche Heidelberger phrase nennt man ein "schönes Aussicht!" Ja, freilich natürlich wahrscheinlich ebensowohl! Also!

aber ich bemerke, daß man es immer an das Ende eines deutschen Satzes stellt – nur zur allgemeinen literarischen Prachtentfaltung, nehme ich an.)

Dies ist ein großer und mit Recht gewürdigter Tag – ein Tag, der die Verehrung verdient, die ihm von den echten Patrioten aller Klimazonen und Nationalitäten erwiesen wird – ein Tag, der ein ergiebiges Thema für Gedanken und Reden bietet; *und meinem Freunde – no, meinen Freunden – meines Freundes* – na, sucht euch was aus, sie kosten alle dasselbe; ich weiß nicht, welches stimmt – *also! ich habe gehabt haben worden gewesen sein,* wie Goethe in seinem „Verlorenen Paradies" sagt – *ich – ich – that is to say – ich –* aber wir wollen umsteigen.

Also! Die Anblick so vieler Großbritannischer und Amerikanischer hier zusammengetroffen in Bruderliche concord, ist zwar a welcome and inspiriting spectacle. Und was hat euch dazu bewegt? Kann die schwerfällige deutsche Zunge sich zum Ausdruck dieses Impulses aufschwingen? *Is it Freundschaftsbezeigungenstadtverordnetenversammlungenfamilieneigentümlichkeiten? Nein, o nein!* Das ist ein lebendiges und edles Wort, aber es trifft nicht den Kern des Impulses, der dieses freundschaftliche Treffen zusammengebracht hat *and produced diese Anblick – eine Anblick welche ist gut zu sehen – gut für die Augen in a foreign land and a far country – eine Anblick solche als in die gewöhnliche Heidelberger Phrase nennt man ein „schönes Aussicht"! Ja, freilich natürlich wahrscheinlich ebensowohl! Also! Die*

Die Aussicht auf dem Königstuhl mehr grösserer ist, aber geistlische sprechend nicht so schön, lob' Gott! Because sie sind hier zusammengetroffen, in Bruderlichem concord, ein grossen Tag zu feiern, whose high benefits were not for one land and one locality only, but have conferred a measure of good upon all lands that know liberty today, and love it. Hundert Jahre vorüber, waren die Engländer und die Amerikaner Feinde; aber heute sind sie herzlichen Freunde, Gott sei Dank! May this good fellowship endure; may these banners here blended in amity, so remain; may they never any more wave over opposing hosts, or be stained with blood which was kindred, is kindred, and always will be kindred, until a line drawn upon a map shall be able to say, "*This* bars the ancestral blood from flowing in the veins of the descendant!"

Aussicht auf dem Königstuhl mehr größerer ist, aber geistliche sprechend nicht so schön, lob Gott! Because sie sind hier zusammengetroffen, in Bruderlichem concord, ein großen Tag zu feiern, dessen großer Gewinn nicht nur einem Lande und einem Ort zugute kommt, sondern allen Ländern, die heute die Freiheit kennen und lieben, Gutes gebracht hat. *Hundert Jahre vorüber, waren die Engländer und die Amerikaner Feinde; aber heute sind sie herzlichen Freunde, Gott sei Dank!* Möge diese gute Kameradschaft andauern; mögen diese Flaggen hier, in Freundschaft vereint, so bleiben; mögen sie nie wieder über feindlichen Heeren wehen oder von Blut befleckt werden, das verwandt war, verwandt ist und immer verwandt bleiben wird, bis eine auf der Landkarte gezogene Linie imstande ist zu sagen: „*Das* hindert das Blut der Vorväter daran, in den Adern der Nachkommen zu fließen!"

Slovenly Peter
or
Happy Tales
and Funny Pictures

Der
Struwwelpeter
oder
Lustige Geschichten
und drollige Bilder

When the children gentle be,
Then the Christchild they shall see;
If they eat their soup and yet
Still their bread they don't forget,
Handle silently their toys,
Taking pains to make no noise,
And when a pleasure-walk is planned,
Let Mother lead them by the hand,
For every blessing they may look,
And get, besides, a Picture Book.

Wenn die Kinder artig sind,
Kommt zu ihnen das Christkind;
Wenn sie ihre Suppe essen
Und das Brot auch nicht vergessen,
Wenn sie, ohne Lärm zu machen,
Still sind bei den Siebensachen,
Beim Spaziergehn auf den Gassen
Von Mama sich führen lassen
Bringt es ihnen Gut's genug
Und ein schönes Bilderbuch.

Slovenly Peter

See this frowsy "cratur" –
Pah! it's Struwwelpeter!
On his fingers rusty,
On his tow-head musty,
   Scissors seldom come;

Lets his talons grow a year, –
Hardly ever combs his hair, –
   Do any loathe him? Some!
They hail him "Modern Satyre –
Disgusting Struwwelpeter."

[Der Struwwelpeter]

Sieh einmal, hier steht er,
Pfui! der Struwwelpeter!
An den Händen beiden
Ließ er sich nicht schneiden
Seine Nägel fast ein Jahr;
Kämmen ließ er nicht sein Haar.
Pfui! ruft da ein jeder:
Garstger Struwwelpeter!

The Story of Ugly Frederick

O waly me! O waly me!
Just such a boy I ne'er did see.
He caught the flies, poor helpless things,
Made hoppers of them, minus wings.
He killed the birds, where'er he could,
And catless made the neighborhood;
And worst of all that he did do,
He banged the housemaid black and blue.

Die Geschichte vom bösen Friederich

Der Friederich, der Friederich,
Das war ein arger Wüterich!
Er fing die Fliegen in dem Haus
Und riß ihnen die Flügel aus.
Er schlug die Stühl' und Vögel tot,
Die Katzen litten große Not.
Und höre nur, wie bös er war:
Er peitschte seine Gretchen gar!

A dog stood drinking at a pump –
The way he made that doglet jump!
He sneaked upon him unaware,
He whacked him here, he whacked him there,
He whacked with all his might and main,
He made him howl and dance with pain,
Until, o'ercome by woe and grief,
The dog, desiring some relief,
Did bite that brutal boy full sore,
Which made the latter prance and roar.
And then the dog did grab the whip,
And with it homeward he did skip.

Am Brunnen stand ein großer Hund,
Trank Wasser dort mit seinem Mund.
Da mit der Peitsch' herzu sich schlich
Der bitterböse Friederich;
Und schlug den Hund, der heulte sehr,
Und trat und schlug ihn immer mehr.
Da biß der Hund ihn in das Bein,
Recht tief bis in das Blut hinein.
Der bitterböse Friederich,
Der schrie und weinte bitterlich. –
Jedoch nach Hause lief der Hund
Und trug die Peitsche in dem Mund.

To bed the boy had to go
And nurse his bite and wail his woe,
The while the Doctor healing brings
And loads him up with drugs and things.

And all this time the dog below
Sings praises soft and sweet and low
O'er Fred'rick's dinner waiting there
For Fred'rick (or for Fred'rick's heir).
The dog's his heir, and this estate
That dog inherits, and will ate.*

He hangs the whip upon the chair,
And mounts aloft and seats him there;
He sips the wine, so rich and red,
And feels it swimming in his head.
He munches grateful at the cake,
And wishes he might never wake
From this debauch; while think by think
His thoughts dream on, and link by link
The liver-sausage disappears,
And his hurt soul relents in tears.

Ins Bett muß Friedrich nun hinein,
Litt vielen Schmerz an seinem Bein;
Und der Herr Doktor sitzt dabei
Und gibt ihm bittre Arzenei.

Der Hund an Friedrichs Tischchen saß,
Wo er den großen Kuchen aß;
Aß auch die gute Leberwurst
Und trank den Wein für seinen Durst.
Die Peitsche hat er mitgebracht
Und nimmt sie sorglich sehr in acht.

*My child, never use an expression like that. It is utterly unprincipled
and outrageous to say *ate* when you mean *eat*, and you must never do it
except when crowded for a rhyme. As you grow up you will find that
poetry is a sandy road to travel, and the only way to pull through at all is
to lay your grammar down and take hold with both hands. M.T.

The Sad Tale
of the Match-Box

Paulinchen was alone at home,
The parents they down-town did roam.
As she now through the room did spring,
All light of heart and soul a-wing,
She saw where sudden burst on sight
The things wherewith one strikes a light.
"Oho," says she. "My hopes awake;
Ah, what a plaything these will make!
I'll rake them on the wall, h'hoo!
As oft I've seen my Mother do."

    And Mintz and Mountz, the catties,
    Lift up their little patties,
    They threaten with their pawses:
    "It is against the lawses!
    Me-yow! Me-yo! Me-yow! Me-yo!
    You'll burn yourself to ashes, O!"

Paulinchen heard the catties not,
The match did burn both bright and hot,
It crackled gaily, sputtered free,
As you it in the picture see.
Paulinchen waltzed and whirled and spun,
Near mad with joy for what she'd done.

    Still Mintz and Mountz, the catties,
    Lift up their little patties,
    They threaten with their pawses:
    "It is against the lawses!
    Me-yow! Me-yo! Me-yow! Me-yo!
    Drop it or you are ashes, O!"

Die gar traurige Geschichte
mit dem Feuerzeug

Paulinchen war allein zu Haus,
Die Eltern waren beide aus.
Als sie nun durch das Zimmer sprang
Mit leichtem Mut und Sing und Sang,
Da sah sie plötzlich vor sich stehn
Ein Feuerzeug, nett anzusehn.
„Ei", sprach sie, „ei, wie schön und fein!
Das muß ein trefflich Spielzeug sein.
Ich zünde mir ein Hölzchen an,
Wie's oft die Mutter hat getan."

Und Minz und Maunz, die Katzen,
Erheben ihre Tatzen.
Sie drohen mit den Pfoten:
„Der Vater hat's verboten!
Miau! Mio! Miau! Mio!
Laß stehn! Sonst brennst du lichterloh!"

Paulinchen hört die Katzen nicht!
Das Hölzchen brennt gar hell und licht,
Das flackert lustig, knistert laut,
Grad wie ihr's auf dem Bilde schaut.
Paulinchen aber freut sich sehr
Und sprang im Zimmer hin und her.

Doch Minz und Maunz, die Katzen,
Erheben ihre Tatzen.
Sie drohen mit den Pfoten:
„Die Mutter hat's verboten!
Miau! Mio! Miau! Mio!
Wirf's weg! Sonst brennst du lichterloh!"

But ah, the flame it caught her clothes,
Her apron, too; and higher rose;
Her hand is burnt, her hair's afire,
Consumed is that child entire.

And Mintz and Mountz wild crying,
The while the child was frying,
"Come quick!" they said. "O Sire.
Your darling child's afire!
Me-yow! Me-yo! Me-yow! Me-yo!
She's cinders, soot, and ashes, O!"

Consumed is all, so sweet and fair,
The total child, both flesh and hair,
A pile of ashes, two small shoes,
Is all that's left, and they're no use.

And Mintz and Mountz sit sighing,
With breaking hearts and crying,
"Me-yow! Me-yo! Me-yow! Me-yo!
How could we let the parents know!"
While round that ash-pile glowing
In brooks their tears keep flowing.

Doch, weh! die Flamme faßt das Kleid,
Die Schürze brennt; es leuchtet weit.
Es brennt die Hand, es brennt das Haar,
Es brennt das ganze Kind sogar.

Und Minz und Maunz, die schreien
Gar jämmerlich zu zweien:
„Herbei! Herbei! Wer hilft geschwind?
In Feuer steht das ganze Kind!
Miau! Mio! Miau! Mio!
Zu Hilf! das Kind brennt lichterloh!"

Verbrannt ist alles ganz und gar,
Das arme Kind mit Haut und Haar;
Ein Häuflein Asche blieb allein,
Und beide Schuh, so hübsch und fein.

Und Minz und Maunz, die kleinen,
Die sitzen da und weinen:
„Miau! Mio! Miau! Mio!
Wo sind die armen Eltern? Wo?"
Und ihre Tränen fließen
Wie's Bächlein auf den Wiesen.

The Tale of the Young Black Chap

There came a-walking past the door
A coal-pitch-raven-black young Moor.
The sun it smote him on his smeller,
And so he hoisted his umbrella.
Now came young Ludwig running by,
A-waving, he, his flag on high.
And Kaspar flew to join the band,
His toothsome pretzel in his hand.
While in his wake skips William free,
With hair neat-combed and hoop, you see.
The three they laugh and scoff and wink,
And mock at that poor Missing Link,
Because his skin is black as ink.

Die Geschichte von den schwarzen Buben

Es ging spazieren vor dem Tor
Ein kohlpechrabenschwarzer Mohr.
Die Sonne schien ihm aufs Gehirn,
Da nahm er seinen Sonnenschirm.
Da kam der Ludwig hergerannt
Und trug sein Fähnchen in der Hand.
Der Kaspar kam mit schnellem Schritt
Und brachte seine Brezel mit;
Und auch der Wilhelm war nicht steif
Und brachte seinen runden Reif.
Die schrien und lachten alle drei,
Als dort das Mohrchen ging vorbei,
Weil es so schwarz wie Tinte sei!

Forth stepped the mighty Nicholas, –
Who hates rude ways and slang and sass, –
And brought his ink-stand too, alas!
Says he, "You children list' to me –
Pray let the little stranger be;
He cannot help his sooty hue,
Bleach out at will, be white like you."
But still these urchins, lacking grace,
Did scoff and laugh right in his face,
And laughed yet heartier than before
At that poor pitch-black piteous Moor.

Da kam der große Nikolas
Mit seinem großen Tintenfaß.
Der sprach: „Ihr Kinder, hört mir zu,
Und laßt den Mohren hübsch in Ruh!
Was kann denn dieser Mohr dafür,
Daß er so weiß nicht ist wie ihr?" –
Die Buben aber folgten nicht
Und lachten ihm ins Angesicht
Und lachten ärger als zuvor
Über den armen schwarzen Mohr.

Then Nich'las he did rave and rage –
As per the picture on that page –
And grabbed those urchins trembling there,
By arm and crop and coat and hair!
Grabb'd William first and Ludwig next,
And Kaspar third (as per the text),
And quicker than the three could wink
He soused them in the turbid ink!
Soused them down with holy spite,
Soused them down with grim delight,
Soused them down clean out of sight!

Der Niklas wurde bös und wild, –
Du siehst es hier auf diesem Bild!
Er packte gleich die Buben fest,
Beim Arm, beim Kopf, bei Rock und West',
Den Wilhelm und den Ludewig,
Den Kaspar auch, der wehrte sich.
Er tunkt sie in die Tinte tief,
Wie auch der Kaspar: „Feuer!" rief.
Bis übern Kopf ins Tintenfaß
Tunkt sie der große Nikolas.

You see them here, all black as sin –
Much blacker than that Niggerkin –
The Moor a-marching in the light,
The Ink-Blots following dark as night.
Now if they had but hid their glee,
They'd still be white and fair to see.

Du siehst sie hier, wie schwarz sie sind,
Viel schwärzer als das Mohrenkind!
Der Mohr voraus im Sonnenschein,
Die Tintenbuben hintendrein;
Und hätten sie nicht so gelacht,
Hätt' Niklas sie nicht schwarz gemacht.

The Tale of the Terrible Hunter

Behold the dreadful hunterman
In all his fateful glory stand!
He took his game-bag, powder, gun,
And fiercely to the fields he spun.*

Brer Rabbit spied him, smug and trim,
And made the grossest fun of him.

Full soon the sweat began to run,
And mortal heavy grew his gun;
He sought the sod, that green old boy,
(Which filled the spy with evil joy);
And as he dreamed and snored and slept,
The furry rascal to him crept,
And stole his gun and smooched his specs,
And hied him hence with these effects.

Die Geschichte vom wilden Jäger

Es zog der wilde Jägersmann
Sein grasgrün neues Röcklein an;
Nahm Ranzen, Pulverhorn und Flint',
Und lief hinaus ins Feld geschwind.
Er trug die Brille auf der Nas',
Und wollte schießen tot den Has.

Das Häschen sitzt im Blätterhaus,
Und lacht den blinden Jäger aus.

Jetzt schien die Sonne gar zu sehr,
Da ward ihm sein Gewehr zu schwer.
Er legte sich ins grüne Gras;
Das alles sah der kleine Has.
Und als der Jäger schnarcht' und schlief,
Der Has ganz heimlich zu ihm lief,
Und nahm die Flint' und auch die Brill',
Und schlich davon ganz leis und still.

---

*Baby, you must take notice of this awkward form of speech and never use it, except in translating. M. T.

The specs he set across his nose,
And as his joke upon him grows
He thinks it would be darling fun
To see that hunter skip and run
In front of his own stolen gun.
He drew a bead, the hunter fled,
And fled! and fled! and fled! and FLED!

And howled for help as on he sped,
Howled as if to raise the dead;
O'er marsh and moor, through glade and dell,
The awful clamor rose and fell,
And in its course where passed this flight
All life lay smitten dead with fright.

Die Brille hat das Häschen jetzt
Sich selbst auf seine Nas' gesetzt;
Und schießen will's aus dem Gewehr.
Der Jäger aber fürcht' sich sehr.
Er läuft davon und springt und schreit:
„Zu Hilf, ihr Leut! Zu Hilf, ihr Leut!"

At last the hunter struck a well,
And in he plump'd with final yell,
The very moment that there rang
O'er all the place the loud "cheBANG!"

The hunter's wife, with window up,
Sat sipping coffee from her cup;
The bullet split the saucer clean
And scared her to a pallid green.
Now by the well in hiding lay
The rabbit's child, and saw the fray,
And glanced aloft with aspect gay
(Unwatchful of the coffee spray),
And would have laughed, but changed his mind
When that hot coffee struck him blind.
He snatched the spoon and capered out
With many a baleful murd'rous shout,
To club to death the clumsy lout
Who'd brought this accident about;
But when he saw it was his pa,
He changed his mind again, aha!

Da kommt der wilde Jägersmann
Zuletzt beim tiefen Brünnchen an.
Er springt hinein. Die Not war groß;
Es schießt der Has die Flinte los.

Des Jägers Frau am Fenster saß
Und trank aus ihrer Kaffeetaß.
Die schoß das Häschen ganz entzwei;
Da rief die Frau: „O wei! O wei!"
Doch bei dem Brünnchen heimlich saß
Des Häschens Kind, der kleine Has.
Der hockte da im grünen Gras;
Dem floß der Kaffee auf die Nas'.
Er schrie: „Wer hat mich da verbrannt?"
Und hielt den Löffel in der Hand.

Story of the Thumb-Sucker

"Konrad!" cried his mamma dear,
"I'll go out, but you stay here,
Try how pretty you can be
Till I come again," said she.
"Docile be, and good and mild,
Pray don't suck your thumb, my child,
For if you do, the tailor'll come
And bring his shears and snip your thumb
From off your hand as clear and clean
As if of paper it had been."

Before she'd turned the corner south,
He'd got his thumbkin in his mouth!

Die Geschichte vom Daumenlutscher

„Konrad!" sprach die Frau Mama,
„Ich geh aus und du bleibst da.
Sei hübsch ordentlich und fromm,
Bis nach Haus ich wieder komm.
Und vor allem, Konrad, hör!
Lutsche nicht am Daumen mehr;
Denn der Schneider mit der Scher'
Kommt sonst ganz geschwind daher,
Und die Daumen schneidet er
Ab, als ob Papier es wär."

Fort geht nun die Mutter, und
Wupp! den Daumen in den Mund.

Bang! here goes the door ker-slam!
Whoop! the tailor lands her-blam!
Waves his shears, the heartless grub,
And calls for Dawmen-lutscher-bub.
Claps his weapon to the thumb,
Snips it square as head of drum,
While that lad his tongue unfurled
And fired a yell heard 'round the world.

Who can tell that mother's sorrow
When she saw her boy the morrow!
There he stood all steeped in shame,
And not a thumbkin to his name.

Bautz! da geht die Türe auf
Und herein in schnellem Lauf
Springt der Schneider in die Stub'
Zu dem Daumen-Lutscher-Bub.
Weh! jetzt geht es klipp und klapp
Mit der Scher' die Daumen ab,
Mit der großen scharfen Scher'!
Hei! Da schreit der Konrad sehr.

Als die Mutter kommt nach Haus,
Sieht der Konrad traurig aus.
Ohne Daumen steht er dort,
Die sind alle beide fort.

The Tale of Soupy-Kaspar

Young Kaspar he was kernel-sound,
A fleshy cub and barrel-round;
Had cheeks all rosy-red and fresh,
Was fond of soup – it added flesh.
But finally, with scowling brow,
He said he'd strike, and make a row:
"No swill for me; I'm not a cow,
I will not eat it – loathe it now;
I can't! I won't! I shan't, I vow!"

A day rolled slowly o'er his head –
Behold, his flesh began to shed!
Yet still his strike he did maintain,
And screamed as erst with might and main:
"No swill for me; I'm not a cow,
I will not eat it – loathe it now;
I can't! I won't! I shan't, I vow!"

Die Geschichte vom Suppen-Kaspar

Der Kaspar, der war kerngesund,
Ein dicker Bub und kugelrund,
Er hatte Backen rot und frisch;
Die Suppe aß er hübsch bei Tisch.
Doch einmal fing er an zu schrein:
„Ich esse keine Suppe! Nein!
Ich esse meine Suppe nicht!
Nein, meine Suppe eß ich nicht!"

Am nächsten Tag – ja sieh nur her!
Da war er schon viel magerer.
Da fing er wieder an zu schrein:
„Ich esse keine Suppe! Nein!
Ich esse meine Suppe nicht!
Nein, meine Suppe eß ich nicht!"

The third day came – lo, once so sleek,
Observe him now, how thin and weak!
Yet still his flag he feebly flew
And hailed that humble dish anew:
"No swill for me; I'm not a cow,
I will not eat it – loathe it now;
I can't! I won't! I shan't, I vow!"

The fourth day came, and here you see
How doth this little busy bee;
He weighed perhaps a half a pound –
Death came and tucked him in the ground.

Am dritten Tag, o weh und ach!
Wie ist der Kaspar dünn und schwach!
Doch als die Suppe kam herein,
Gleich fing er wieder an zu schrein:
„Ich esse keine Suppe! Nein!
Ich esse meine Suppe nicht!
Nein, meine Suppe eß ich nicht!"

Am vierten Tage endlich gar
Der Kaspar wie ein Fädchen war.
Er wog vielleicht ein halbes Lot –
Und war am fünften Tage tot.

The Tale of Fussy-Philip

"Philip, if 'twon't make you ill,
Try to sit a minute still."
So, in earnest tone and rough
Spake the father to his tough,
While the mother's troubled glance
Prophesied a present dance
When these two should get a start.
And so it made her sick at heart
To see the boy hadn't heard
His restive father's warning word.
      He jiggered,
      And sniggered,
      And joggled,
      And boggled,
On his chair and squirmed galore:
"Philip this doth irk me sore!"

Die Geschichte vom Zappel-Philipp

„Ob der Philipp heute still
Wohl bei Tische sitzen will?"
Also sprach in ernstem Ton
Der Papa zu seinem Sohn,
Und die Mutter blickte stumm
Auf dem ganzen Tisch herum.
Doch der Philipp hörte nicht,
Was zu ihm der Vater spricht.
      Er gaukelt
      Und schaukelt,
      Er trappelt
      Und zappelt
Auf dem Stuhle hin und her.
„Philipp, das mißfällt mir sehr!"

See, ye darling little chaps,
Number Two of Phil's mishaps:
Observe, the picture shows the fact;
See! he tilts his chair aback –
See! he's going – going – gone!
Grabs the cloth and what's thereon,
Sprawls heels upward on the floor.
Dishes follow, crash and roar,
Down they clash and plash and slash,
Down come soup and cheese and hash,
And under them the boy they mash!
Father stares in consternation,
Can't size up the situation,
While the mother's troubled glance
Notes fulfilled the promised dance.

Seht, ihr lieben Kinder, seht,
Wie's dem Philipp weiter geht!
Oben steht es auf dem Bild.
Seht! Er schaukelt gar zu wild,
Bis der Stuhl nach hinten fällt;
Da ist nichts mehr, was ihn hält;
Nach dem Tischtuch greift er, schreit.
Doch was hilft's? Zu gleicher Zeit
Fallen Teller, Flasch' und Brot,
Vater ist in großer Not,
Und die Mutter blicket stumm
Auf dem ganzen Tisch herum.

Philip's buried, hide and hair,
Naked stands the table there!
All the fam'ly had for dinner
Decks the grave of that young sinner –
Soup and sausage, wholesome bread,
Gone to hide that foolish head.
Soup-tureen is split in two –
What shall they do, what shall they do!
Frantic view they this defeat –
They've not a single bite to eat.

Nun ist Philipp ganz versteckt,
Und der Tisch ist abgedeckt.
Was der Vater essen wollt',
Unten auf der Erde rollt;
Suppe, Brot und alle Bissen,
Alles ist herabgerissen;
Suppenschüssel ist entzwei,
Und die Eltern stehn dabei.
Beide sind gar zornig sehr,
Haben nichts zu essen mehr.

The History of Hans Stare-in-the-Air

Now when this lad to school did go,
He never saw what's here below;
His eyes were always in the sky,
'Mong roofs and clouds and things that fly;
He never saw, along the street,
The common things about his feet,
So people used to cry, "Ah, there!
That is Hans Stare-in-the-Air!"

There came a dog a-tearing by,
Hans was gawking at the sky
 Just as ca'm
 As a ham –
No one warned him with a yell.
 What befell?
Whack! Ker-blim! and down they go –
Boy and doglet in a row!

Die Geschichte vom Hans Guck-in-die-Luft

Wenn der Hans zur Schule ging,
Stets sein Blick am Himmel hing.
Nach den Dächern, Wolken, Schwalben
Schaut er aufwärts, allenthalben:
Vor die eignen Füße dicht,
ja, da sah der Bursche nicht,
Also daß ein jeder ruft:
„Seht den Hans Guck-in-die-Luft!"

Kam ein Hund dahergerannt;
Hänslein blickte unverwandt
In die Luft.
Niemand ruft:
„Hans! gib acht, der Hund ist nah!"
Was geschah?
Pauz! Perdauz! – da liegen zwei!
Hund und Hänschen nebenbei.

Once he snooped along the strand
With his atlas in his hand,
And his pug-nose tilted back
So he could watch the swallow's track;
And never got it through his gourd
That he was walking overboard,
Although the fishes, frightened, shout,
"We three are orphans, please look out!"

Another step – another yet –
And finds himself amazing wet!
The fishy orphans, scared full sore,
Turn tail and travel for the shore.

Einst ging er an Ufers Rand
Mit der Mappe in der Hand.
Nach dem blauen Himmel hoch
Sah er, wo die Schwalbe flog,
Also daß er kerzengrad
Immer mehr zum Flusse trat.
    Und die Fischlein in der Reih
    Sind erstaunt sehr, alle drei.

Noch ein Schritt! und plumps! der Hans
Stürzt hinab kopfüber ganz! –
    Die drei Fischlein sehr erschreckt
    Haben sich sogleich versteckt.

Now by luck two men arrive,
And with their hooks and sticks contrive
The struggling dunderhead to hive,
And soon they fish him out alive.

Stands he now, the dripping bloke,
And sees no humor in the joke;
Water streams from hair and clothes,
And flows in rivers down his nose;
He's water-soaked from head to heels,
But can't express half what he feels.

Those little fish go swimming by
And up at him they cock their eye,
And stick their heads out full aspan,
And laugh as only fishes can;
Laugh and giggle, jeer and snort –
How strange to see them thus cavort!
Meantime the atlas, gone astray,
Has drifted many yards away.

Doch zum Glück da kommen zwei
Männer aus der Näh herbei,
Und sie haben ihn mit Stangen
Aus dem Wasser aufgefangen.

Seht! Nun steht er triefend naß!
Ei! das ist ein schlechter Spaß!
Wasser läuft dem armen Wicht
Aus den Haaren ins Gesicht,
Aus den Kleidern, von den Armen;
Und es friert ihn zum Erbarmen.

Doch die Fischlein alle drei
Schwimmen hurtig gleich herbei;
Strecken 's Köpflein aus der Flut,
Lachen, daß man's hören tut,
Lachen fort noch lange Zeit;
Und die Mappe schwimmt schon weit.

The Story of Flying Robert

When the rain comes down a-dash,
When the storms the meadows lash,
Boys and girls stay snug at home
Preferring to let others roam;
But Robert thinks, "Ah, me,
It's just the time outside to be!"
And so, umbrella'd safe and sound,
Takes to the fields and slops around.

My! how shrieks the windy storm,
And how the big tree bows its form!
Hoho! the 'brella's caught the breeze,
And Robert sails above the trees!
Above the houses, church and steeple,
And out of sight of all the people!
Above the clouds he spins at last,
His hat is gone, and he's aghast!

Die Geschichte vom fliegenden Robert

Wenn der Regen niederbraust,
Wenn der Sturm das Feld durchsaust,
Bleiben Mädchen oder Buben
Hübsch daheim in ihren Stuben. –
Robert aber dachte: „Nein!
Das muß draußen herrlich sein!" –
Und im Felde patschet er
Mit dem Regenschirm umher.

Hui, wie pfeift der Sturm und keucht,
Daß der Baum sich niederbeugt!
Seht! den Schirm erfaßt der Wind,
Und der Robert fliegt geschwind
Durch die Luft, so hoch, so weit;
Niemand hört ihn, wenn er schreit.
An die Wolken stößt er schon,
Und der Hut fliegt auch davon.

And so he sails and sails and sails,
Through banks of murky clouds, and wails,
And weeps and mourns, poor draggled rat,
Because he can't o'ertake his hat.
Oh, where on high can that hat be?
When you find out, pray come tell me.

Schirm und Robert fliegen dort
Durch die Wolken immer fort.
Und der Hut fliegt weit voran,
Stößt zuletzt am Himmel an.
Wo der Wind sie hingetragen,
Ja! das weiß kein Mensch zu sagen.

Nachwort

„Ich habe das Deutsche Sprache gelernt und bin ein glücklicher kind, you bet", schreibt Mark Twain im Mai 1878 aus Heidelberg und hängt gleich noch ein Selbstporträt daran: „Geborn 1835; 5 Fuss $^1/_2$ inches hoch; weight doch aber about 145 pfund; dunkel braun Haar und rhotes Moustache, full Gesicht mit sehr hohe Oren und leicht grau practvolles strahlenden Augen und ein Verdammtes gut moral character!" Der berühmte „Author von Bücher" – ein Meister der deutschen Sprache ist er noch keineswegs. Aber er will sie sich unbedingt gefügig machen, will sie sprechen und verstehen, nennt sie „schrecklich", weil sie ihn reizt und abstößt wie eine spröde Geliebte.

In der Kleinstadt Hannibal, Missouri, wo Samuel Langhorne Clemens als Sohn eines verkrachten Juristen aufwuchs, hatte sich der Fünfzehnjährige mit einem eingewanderten deutschen Schuster angefreundet und dem Lehrling „Fritz" englische Sätze beigebracht, im Austausch gegen deutsche. Als der Vater 1847 stirbt, wird der sprachbeflissene Sam Druckereigehilfe und schreibt Satirisches für die Zeitung seines Bruders. Fünf Lotsenjahre auf dem Mississippi bringen ihn mit Menschen und Idiomen aus aller Herren Länder in Berührung. Der Silbersucher und Journalist in Kalifornien nennt sich „Mark

Twain": das ist der Fachausdruck für „zwei Faden", die Mindesttiefe des Flusses für auslaufende Mississippi-Dampfer. Als Humorist („Der berühmte Springfrosch der Provinz Calaveras", 1867) und als Reisereporter („Die Arglosen im Ausland", 1869) macht er sich rasch einen Namen; den Kontakt mit dem Deutschen verliert selbst der Autor des Bestsellers „Tom Sawyers Abenteuer" (1876) nicht.

Bevor er 1878/79 mit Frau, Töchtern, Familienfreundin und Kinderfrau sechzehn Monate in Deutschland, der Schweiz, Italien und Frankreich verbringt, hatte der mittlerweile wohlhabende Berufsschriftsteller deutsche Grammatik gebüffelt. Rosa, das Kindermädchen, ist angehalten, im Twainschen Haushalt Deutsch zu sprechen, und noch auf der Überfahrt zapft der wortvernarrte Dichter die exzellenten Deutschkenntnisse des mitreisenden amerikanischen Geschäftsträgers in Berlin an. Über Hamburg, Kassel und Frankfurt begibt sich Familie Twain mit Troß und Reiseleiter nach Heidelberg, wo man eine Suite im Schloßhotel bezieht – und nunmehr vor Ort den Kampf mit der deutschen Sprache aufnimmt.

Für Mark Twain wird daraus ein Alptraum. „Alle Ausländer in Deutschland kommen in den deutschen Himmel, verstehen nichts, werden nicht verstanden – und wünschen sich, sie wären in der Hölle." Daß er die Geheimnisse von Satzbau und Formenlehre der vertrackten Sprache nicht enträtseln kann, frustriert ihn maßlos,

aber inspiriert auch seine ironische Ader. Im ungeliebten München, wo er sich im November 1878 in Fräulein Dahlweiners Pension, Karlstraße 1a, einquartiert, schreibt er die Heidelberg-, Rhein- und Schwarzwald-Kapitel des Reiseberichts „Bummel durch Europa" (der den hier abgedruckten Essay über die deutsche Sprache als Anhang enthält). Sie wimmeln von sarkastischen Bemerkungen über die Eigenheiten einer Sprache, „die man sanft und ehrfurchtsvoll zu den toten Sprachen legen sollte, denn nur die Toten haben genügend Zeit, sie zu lernen."

Von einer dreistündigen „König Lear"-Aufführung in Mannheim hat der Amerikaner außer Blitz und Donner kein Wort verstanden. „Ich kann das Deutsche wahrscheinlich ebenso gut verstehen wie jener Wahnsinnige, der diese Sprache erfand, aber sprechen tue ich sie doch lieber mit Hilfe eines Dolmetschers", heißt es etwa, oder: „Deutsch ist schädlich für den Intellekt. Man muß es in kleinen Dosen zu sich nehmen, die aber bald im Kopf herumschwimmen wie zerlassene Butter. Meine Zunge ist schon ganz krumm von den vielen Versuchen, sich um diese verflixten neungliedrigen deutschen Wörter herumzuschlingen." Schadenfroh registriert er, wie miserabel gerade jene Deutschen Englisch sprechen, die diese „leichte" Sprache lässig zu beherrschen meinen.

Mark Twains pfiffige Karikatur der Wesenszüge des Deutschen verdankt ihre nachhaltige Wirkung zuallererst der Tatsache, daß die Verschiedenheit der Völker die

Menschen seit je fasziniert und beunruhigt hat. „The Awful German Language" benutzt den bewährten rhetorischen Trick, komplexe Zusammenhänge so zu vereinfachen, daß am Ende nur noch Klischees übrigbleiben. Twain illustriert mit burlesken Übertreibungen das „Nationalitätenschema" der Vulgärpsychologie und verfestigt auf diese Weise hintersinnig dessen erstarrte Vorurteile. Dabei werden die Unterschiede zwischen dem Deutschen und dem Englischen so geschickt verzerrt, daß die vertraute Welt der eigenen Sprache als Norm, das Fremdartige der anderen als komische Abweichung vom Normalen erscheint. (Derartige Verfahren pflegen besonders in Zeiten zu blühen, in denen eine festgefügte Weltanschauung durch perspektivisches Denken unterhöhlt wird.)

Der Effekt des Twainschen Kabinettstücks, einer umjubelten Glanznummer auf seinen Vortragsreisen, erklärt sich aber auch daraus, daß die Vorführung von Wort- und Satzungeheuern, Widersprüchen zwischen grammatischem und natürlichem Geschlecht, „verlorenen" Verben und immer neuen Bandwurmwörtern und Schachtelsätzen einen beträchtlichen Unterhaltungswert besitzt. Befunde dieser Art sind unmittelbar einleuchtend, zumal in ihnen ein abgelagertes Wissen vom „deutschen Wesen" wieder zugänglich gemacht zu werden scheint. Die Verallgemeinerung von Einzelbeobachtungen und ihre anschließende humoristische Dekonstruktion ist eine der Grundtechniken von Mark Twains gesamtem Werk. Der

Grenzerhumor der „tall tale", der Lügengeschichte, die ihre Leser in absurde Situationen verstrickt, scheint auch noch in jenen Anekdoten über die „Schreckliche deutsche Sprache" durch, die mit eleganter Beiläufigkeit kulturelle Prätentionen entlarven.

„The Awful German Language" endet im Original mit einer „Rede in deutscher Sprache, gehalten in Heidelberg vom Autor dieses Buches bei einem Festessen des Anglo-Amerikanischen Studentenklubs anläßlich des 4. Juli". Mark Twain treibt darin die komische Verzweiflung über seine Sprachverwirrung auf die Spitze: „Seit ich vor einem Monat in diesem alten Wunderland ... angekommen bin, hat sich meine englische Sprache schon so oft als unnützes Gepäckstück erwiesen, und in einem Land, wo man Gepäck nicht aufgeben kann, war es sehr lästig, sie mitzuschleppen ... Also! Es freut mich, daß dies so ist, denn es muß, in ein hauptsächlich degree, höflich sein, daß man auf ein occasion like this, sein Rede in die Sprache des Landes worin he boards, aussprechen soll. Dafür habe ich aus reinische Verlegenheit – no, Vergangenheit – no, I mean Höflichkeit, aus reinische Höflichkeit habe ich resolved to tackle this business in the German language, um Gottes willen! Also!"

Von den fatalen Folgen der deutsch-englischen Sprachmischung zehren auch die Erzählung „Mrs. McWilliams und das Gewitter" (1880) und das Theaterstück „Meisterschaft" (1888), in dem Twain seine Erfahrungen mit

deutschen Sprachlehrbüchern kauzig dramatisiert. (Die Mischung aus Feinfühligkeit, Ironie und falscher Grammatik macht nicht zuletzt den Reiz von „Huckleberry Finn" aus, Twains Meisterwerk.)

Die zweite Deutschlandreise der Familie führt im Oktober 1891 nach Berlin. Der Ruhm des Autors ist inzwischen so gewachsen, daß man die in der Körnerstraße 7 gemietete Wohnung bald als unangemessen empfindet und ins Hotel Royal Unter den Linden umzieht. Kaiser Wilhelm II. wünscht den berühmten Amerikaner kennenzulernen, Helmholtz, Mommsen und Virchow suchen seine Gesellschaft, die öffentlichen Lesungen sind überfüllt.

In Berlin übersetzt Mark Twain – angeblich in drei schlaflosen Nächten – den „Struwwelpeter", Heinrich Hoffmanns klassisches Kinderbuch. Auch er wollte damit seinen Töchtern ein Weihnachtsgeschenk machen, wie Clara Clemens in der Vorrede zur ersten amerikanischen Ausgabe des „Schlampigen Peter" („Slovenly Peter", New York 1935) erzählt: „Er hatte das Manuskript liebevoll eingewickelt, ein großes rotes Band darum geschlungen, setzte sich neben den Weihnachtsbaum und rezitierte die Verse in seinem unnachahmlichen, dramatischen Vortragsstil." Schon vorher hatte er den deutschen Text mehrmals beim Mittagessen begeistert vorgelesen; bei den Zeilen „Am Brunnen stand ein großer Hund / Trank Wasser dort mit seinem Mund" mußte er jedesmal besonders laut lachen.

Twains „Struwwelpeter"-Übersetzung ist weder eine wörtliche Übertragung noch eine Neufassung in anderer Form, sondern eher eine inspirierte Nachahmung. Es waren vor allem die klappernden Reime und der straffe Rhythmus von Hoffmanns Vierhebern, die es ihm angetan hatten. Deren Imitation im Englischen verlangte gewisse Opfer bei der Wiedergabe des Inhalts. So geht etwa in den letzten Strophen der „Geschichte vom bösen Friederich" deutlich die Phantasie mit dem Übersetzer durch: vom träumenden und weinenden Hund steht bei Heinrich Hoffmann nichts. Und beim „Suppen-Kaspar" muß er seine Verse schon gewaltig „ausstopfen", um die Klangähnlichkeit einigermaßen zu bewahren und das entscheidende Reimwort einzuführen. Aus den beiden Zeilen „Doch einmal fing er an zu schrein: / ‚Ich esse keine Suppe! Nein!' wird bei Mark Twain „But finally, with scowling brow, / He said he'd strike, and make a row: / ‚No swill for me; I'm not a cow'", was in Prosa rückübersetzt etwa hieße: „Aber schließlich, mit umwölkter Stirn, sagte er, er würde streiken und eine Szene machen: ‚Keinen Saufraß für mich, ich bin doch keine Kuh!'"

An anderen Stellen scheint er eher die Illustrationen, nicht so sehr den Text zu übersetzen, und oft ist auch der Versuch zu erkennen, die Komik des Originals im Englischen noch zu übertreffen. In der Regel halten sich die Anfangszeilen eng an die Vorlage; abgesehen von der verunglückten ersten Strophe des „Wilden Jägers" hat Twain meist witzige, beschwingte Entsprechungen gefunden.

Der Problematik von Gedichtübertragungen war er sich durchaus bewußt. Im „Loreley"-Kapitel des „Bummels durch Europa" schreibt er von „hauteng genauen Übersetzungen, die wie die Faust aufs Auge passen", aber auch von anderen, „deren Versmaß dem Rhythmus nicht eng genug anliegt und an den Enden zu weit überhängt". „Poesie schlägt nicht in mein Fach", bekennt er, „und meine Übersetzung ist vielleicht nicht gut. Aber sie dient der Absicht, ein Wortgeklingel zur Verfügung zu stellen – so lange, bis ein Dichter kommt, der es versteht, einen poetischen Gedanken aus einer Sprache in die andere zu übertragen." „Slovenly Peter" enthält keine poetischen Gedanken und kann deshalb aus der „schrecklichen deutschen Sprache" ganz unbedenklich ein lustiges englisches Wortgeklingel machen. Vor und nach Mark Twain gab es genauere, korrektere, äquivalentere Übertragungen des „Struwwelpeter" ins Englische; keine davon hat so viel Schwung und übermütigen Charme wie seine.

Helmut Winter

Inhalt